대한민국
제로창업

4차 산업혁명 시대, 어떤 창업을 해야 성공하는가?

대한민국
제로창업

초판 1쇄 발행 2017년 11월 20일

글쓴이   윤석일

펴낸이   김왕기
주 간   맹한승
편집부   원선화, 김한솔, 조민수
마케팅   임동건
디자인   이민형

펴낸곳   **(주)푸른영토**
              주소   경기도 고양시 일산동구 장항동 865 코오롱레이크폴리스1차 A동 908호
              전화   (대표)031-925-2327, 070-7477-0386~9 팩스 | 031-925-2328
              등록번호   제2005-24호(2005년 4월 15일)
              홈페이지   www.blueterritory.com
              전자우편   blueterritorybook@gmail.com

ISBN 979-11-88292-36-3 03190

대한민국
제로창업

4차 산업혁명 시대, 어떤 창업을 해야 성공하는가?

윤석일 지음

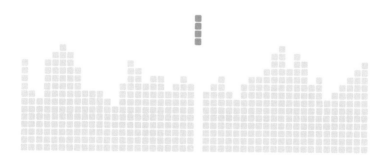

푸른영토

고도기술과 자본이 없는
평범한 사람이
창업할 방법은 무엇일까

무엇이든 끝마치면 후회가 남는다. 출간도 그렇다. 1인 기업을 기반으로 쓴 창업 책 두 권을 끝내고 후회가 남았다. 후회는 '구체성'에 대한 아쉬움이다. 종종 오는 독자 메일에도 구체성을 많이 물었다. 독자메일을 보면서 많은 사람이 정말 궁금해하는 창업지식 퍼즐을 그려나갔다.

독자 메일로 구체성의 큰 그림은 그려졌지만, 어떻게 구성하고, 어떤 사례를 넣어야 할지는 풀지 못했다. 풀지 못한 숙제는 갈망을 낳는다. 더욱이 대학원에서 창업을 공부하면서 갈망은 늘어났다.

창업 콘텐츠에서 구체성이 어려운 이유는 공통점이 부족하기 때문이다. 아이템마다 성장 패턴도 다르고, 정답이라 불리는 비즈니스모델도 없다. 창업 콘텐츠를 세분화해서 이야기하지 않으면 구체성에는 한계

가 있다. 구체성에 대한 갈망이 정점을 찍을 때쯤 일상에서 정답을 찾아
갔다.

매일 아침. 사무실로 가기 전 글을 쓰는 장소가 있다. 유명대학에 창
업기업이 입주한 건물이다. 다른 곳은 닫혀 있지만, 이곳은 24시간 오픈
한다. 오픈 공간에는 작은 회의실이 있다. 이른 시간인데도 회의하는 모
습을 자주 볼 수 있다.

그날도 구체성에 고민을 안고 문을 열었다. 작은 회의실에 4명이 모여
회의를 하고 있었다. 목소리 큰 누군가 때문에 자의 반, 타의 반으로 회의
를 듣게 되었다. 꿈의 신소재로 알려진 그래핀탄소나노튜브을 검사하는 장
비를 어떻게 구현할지 회의를 하고 있었던 모양이다. 고도기술을 가진
창업기업이었다. 그리고 정부 지원을 받기 위한 전략회의도 이어나갔다.

전문용어가 넘치는 스마트한 회의. 영어로만 구성된 파워포인트. 그
래프가 그려진 화이트보드. 7대 핵심기술에 대한 정부 지원 포스터. 경
영에 필요한 전문컨설턴트 상담실. 심사가 까다로운 유명대학 안에 활
동하는 창업기업의 모습이다. 창업기업 회의를 보면서 오늘도, 내일도
수없이 마주칠 평범한 사람들과는 왠지 멀어 보였다. 눈에 보이지 않는
높은 장벽이 있는 것 같았다. 잠시 후 한 가지 질문이 떠올랐다.

"고도기술도, 자본도 없는 평범한 사람이 현실적으로 창업할 방법은
무엇일까?"

구체성 해법은 이 질문에서 시작되었다. 자본 없이 창업한 필자의 경험과 컨설팅, 상담사례. 비슷하게 시작한 주변 창업자들. 도서관에 쌓인 책들까지. 모두가 이 질문에 답을 찾아갔다. 그리고 집필을 시작할 퍼즐이 완성되었다.

이 책은 고도기술과 자본 없이도 창업할 방법을 구체적으로 제시한다. 이 방법을 '제로창업'이라 말한다. 일본 창업전문가 요시에 마사루가 쓴 《제로창업》에서 용어가 알려지기 시작했다.

《제로창업》은 일본의 창업환경을 이야기한다. 우리나라와 일본은 인구, 경제 규모 등 창업환경이 엄연히 다르다. 그래서 이 책은 대한민국 제로창업의 현실과 방법, 아이템을 구체적으로 이야기했다.

구성은 크게 3가지 파트로 이루어졌다. 첫 번째 파트는 대한민국 창업환경과 4차 산업 일자리를 이야기한다. 두 번째 파트는 제로창업가 갖춰야 할 조건을 이야기했다. 세 번째는 제로창업 아이템 7가지를 입문-성장-유지하는 방법을 제시한다. 제로창업 아이템 7가지는 강의현장과 컨설팅 경험, 독자 메일을 종합해서 선정했다.

최근 곳곳에서 4차 산업을 이야기한다. 4차 산업 화두에서 일자리 전망은 밝지 않다. 그동안 많은 일자리를 제공했던 제조업은 4차 산업을 만나면서 인간을 대체하고 있다. 앞으로 일자리 문제는 스스로 해결하는 구조가 뚜렷해질 전망이다.

4차 산업이 본격화되면 일생에 한번은 창업할 수밖에 없는 환경에 놓일 전망이다. 고도기술이나 자본이 없는 평범한 사람도 창업해야 한다. 조직에서 벗어나 나만의 '그 무엇'을 꾸려간다는 건 두려운 일이다. 하지만 해야 한다면 철저한 준비로 안착은 물론 평생 현역으로 가는 발판을 마련하는 건 어떨까. 일생에 한 번은 해야 하는 창업준비과정에서 이 책이 작게나마 일조하길 희망한다.

　책이 세상에 나오기까지 많은 사람의 도움을 받았다. 먼저 원고를 보고 출간을 허락해준 도서출판 푸른영토 임직원께 감사함을 보낸다. 천방지축 같은 창업지식을 체계적으로 알려주신 한밭대학교 창업경영대학원 창업학과 양영석 교수님과 김명숙 교수님, 공부에 집중하도록 여러 가지로 도와주신 김상유 주무관님. 격려와 함께 실무적 지식을 아낌없이 나눠준 창업학과 11기 동기와 선후배분들께 지면을 빌려 감사함을 전하고 싶다. 끝으로 외롭고 치열한 환경에서 창업을 이어나가는 대한민국 모든 창업자에게 존경과 응원을 보낸다.

2017년 만추晩秋, 책다방 끝자리에서

윤석일

차례

제 1 부
누구나 한번은 창업해야 하는 시대

제 2 부

창업자에게 필요한 6가지 조건

제 3 부

대한민국에서 지금 할 수 있는 제로창업 77가지

제 1 장 사람을 모으면 거대한 자본이 된다

— 회원커뮤니티 창업

제 2 장 콘텐츠라는 영원하고 거대한 창업아이템
— 콘텐츠크리에이티브

제 3 장 독서를 넘어 창업의 아이템으로
— 출판 관련 창업

제 6 장 **만들어내는 사람은 정년 없이 창업한다**

— 디자인 제로 창업

제 7 장 **지식, 경험, 노하우를 체계화시켜 돈을 번다**

— 컨설팅, 코칭 창업

부록

제로창업 아이템의 확장, 필수지식들

제 1 부

누구나
한번은

창업해야 하는
시대

창업 앞에 나만 다를 건 없다

복잡한 이론을 빼고 우리나라 경제 현실을 보여주는 게 있다. 바로 전봇대. 일명 '전봇대 경제학'이라고 한다. 이론이나 수학 공식을 몰라도 괜찮다. 전봇대에 붙은 전단지를 보면 될 뿐이다.

'땡처리', '망했습니다', '유명브랜드 90% 할인' 같은 문구가 크게 써진 홍보지를 매일 볼 수 있다. 반대편 전봇대에는 '신규 오픈', '오픈 할인 행사' 같이 새롭게 오픈한 가게를 홍보하는 전단지를 볼 수 있다. 전봇대 경제학에서는 어느 전단지가 많이 붙었는가보다 전단지가 얼마나 자주 바뀌는지에 주목한다. 자주 바뀐다면 경제가 매우 활력적이거나, 많이 창업하고 많이 망한다는 뜻이다. 현재 대한민국 창업상황은 후자에 가깝다.

자본주의 사회에서 어떤 가게가 창업했다가 사라지고, 다른 가게가 창업하는 것은 당연한 일이다. 문제는 창업 주체인 개인은 가게를 창업하고 사라지는 과정에서 회복 불능상태까지 가는 경우가 있다. 회복 불능상태는 본인은 물론 가정까지 영향을 받는다. 대한민국 창업 현실에서 가장 두려운 건 개인이 감당해야 하는 창업실패 대가가 너무 가혹하다는 점이다. 이런 현실을 전봇대에 나붙은 전단지에서 볼 수 있다.

　"사장님처럼 젊은 사람은 될 수밖에 없는 창업 아이템입니다."
　창업 트렌드도 이해할 겸 창업박람회를 방문했다가 멀쑥한 남자가 나를 붙잡고 설명하기 시작했다. 남자가 준 프랜차이즈 홍보전단지는 최근 뜨고 있는 맥주 매장이었다. 동네에도 프랜차이즈가 있었다. 관심이 있어 이런저런 상담을 했다. 내 자본금과 대출, 손익분기점 등 논리정연한 설명에 솔깃한 것도 사실이었다. 열정적인 설명을 끊을 수 없어 끝까지 들었다. 하지만 정말 궁금한 폐업에 관한 이야기는 나오지 않았고, 권리금을 얻고 비싸게 정리했던 어느 매장 이야기만 나왔을 뿐이다. 그의 말이 끝나고 나는 다시 박람회를 돌아다녔다. 어느 프랜차이즈는 창업부터 폐업까지 지원하는 좋은 시스템을 가지고 있기도 했다. 창업하기로 마음먹고 박람회를 참여한 사람이 이 프랜차이즈 홍보부스를 방문했다면 어떠했을까 상상해보았다. 아마도 계약서에 서명하고 프랜차이즈 창업을 시작하지 않았을까? 시간이 흘러 박람회에서 봤던 맥주 프랜차이즈 가게를 오랜만에 동네에서 지나치게 되었다.

공사 중이었다. 자세한 내막을 알 수 없지만 2년도 넘지 못하고 가게가 정리된 것 같았다. 전봇대에는 새로 오픈할 가게 전단지가 지저분하게 붙어 있었다.

실업자 100만 명 시대. 2016년 통계청 고용 동향에 따르면 청년 실업은 9.8%로 나왔다. 하지만 현대경제연구원의 보조지표를 활용한 지표에서는 체감실업률이 34.2%로 나온다. 청년 10명 중 3명은 체감적 실업 상태란 뜻이다. 중장년이라고 다를 바 없다. 2016년 잡코리아 조사에 따르면 직장인 체감 정년퇴직은 대기업 48.8세, 중소기업 50.8세, 공기업 54.8세로 나왔다. 반대로 희망퇴직연령은 62세라는 발표가 있다. 희망퇴직연령과 체감퇴직연령이 14년 차이가 난다. 일하고 싶어도 할 수 없는 현실에 놓여 있다. 우리는 이런 노동환경에서 일자리를 두고 부모세대와 자녀세대의 싸움을 매일 보고 있다. 싸움이 싫은 사람은 창업에 내몰리는 상황이 IMF 이후 20년째 이어지고 있다.

자의든, 타의든 일자리 전쟁 한복판에서 어느 누군가의 외침인 '내몰려 하는 창업의 전성시대'라 할 수 있다. 창업해서 모두가 성공하면 좋겠지만, 폐업통계에 나타난 현실은 너무나 적나라하다. 그 영향은 본인은 물론 사랑하는 가족에게까지 미친다. 하지만 사람들은 이런 사실을 알면서도 창업에 뛰어든다. '나만큼은 실패하지 않을 거야'라는 근거 없는 생각에 기인한 선택이다. 그들은 자신의 가정경제에 위기가 오거나, 신용불량의 나락에 떨어질 상황까지는 생각하지 않는다.

'이젠 로또밖에 없다.' 토요일 저녁 로또 매장을 지나가다 본 글귀다. 웃기기도 하고 공감도 가서 기억에 남는다. 매장은 로또 발표시간을 앞두고 있어 사람들로 북적였다. 1등이 될 확률, '814만 분의 1'. 정말 희박한 가능성에 희망을 걸며 로또를 사고 있다. '1'이라는 희망이 로또의 묘미이자, '나만큼은 될 거라'는 생각을 끌어온다.

직장인 시절, 회식 중간에 사라진 상사가 돌아왔다. 어디를 갔다 왔느냐고 물었더니 로또를 구매했다고 한다. 그는 7년째 매주 2만 원어치를 사고 있다고 한다. 3등 2번 빼고 당첨이 된 적이 없었다고 아쉬워했다. 당첨도 안 될 것을 왜 사느냐 했더니 814만 분의 1, 그 '1'이라는 가능성이 있기에 산다고 한다. 언젠가 1등이 될 거라는 희망을 품고 말이다. 나만은 다를 거라는 막연한 희망을 가지고 그는 7년째 로또를 구매하고 있던 것이다. 막연한 희망만으로 사람에게 강력한 동기부여를 준다는 사실을 배운 일화였다. 막연한 희망은 강력한 동기부여가 되고, 특별한 계기만 주어지면 언제든지 실행에 옮기도록 이끈다. 막연한 희망의 장점이자 단점이다.

나만은 다를 거라는 막연한 희망을 가지고 창업을 꿈꾸는 사람을 쉽게 볼 수 있다. 특별한 준비 없이 비용만 준비하면 끝인 줄 아는 사람인 것이다. 연일 불고 있는 창업 열풍과 포털사이트에 돌아다니는 창업 대박 성공 사례가 이 이상한 열기를 이야기한다. 창업전문가가 입이 닳도록 외치는 '철저한 준비'는 막연한 희망과 열풍으로 나만은 다를 거라는 거대한 착각을 준다. 그리고 경험도, 경력도 전혀 없는 창업에 뛰어든다.

2016년 기준으로 공정거래위원회에서 업종별 평균창업비용을 발표했다. 그 비용은 다음과 같다.

업종	평균창업비용
한식	1억 1,019만
분식	7,139만
치킨	6,149만
커피	1억 2,074만
주점	9,111만

은퇴할 때쯤 아파트 1~2채와 자동차 1~2대뿐인 일반직장인이 가용할 수 있는 금액이 아닐뿐더러, 대학을 졸업한 20대가 모아 창업할 수 있는 금액은 더더욱 아니다. 방법은 대출뿐이다. 직장에서 다년간 경력과 경험을 쌓은 사람이 같은 분야로 창업해도 어려운 세상에 경력과 경험이 없는 사람의 성공확률은 정말 낮다. 매년 발표되는 폐업 통계가 말해준다.

창업이 어렵고, 힘들다는 건 이젠 누구나 알고 있다. 하지만 어쩔 수 없이 창업한다면 다른 방법을 선택해야 하지 않을까. 다년간에 쌓아온 경험과 경력 그리고 무형의 자원인 지식을 가지고 말이다. 그것이 제로창업이다.

4차 산업혁명
일자리 화두와
각자도생

2016년 대한민국에서 세기의 대결이 열렸다. 바로 이세돌 9단과 알파고의 바둑대국이었다. 이 대국이 우리나라에서 열린 건 큰 행운이다. 온국민에게 인공지능이 바꿔놓을 미래 화두를 던졌기 때문이다. 언젠가올 줄 알았지만 막연했던 인공지능 시대를 미리 보여 주었다. 특히 "The Result 'W+resign' was added to the game informationW+기권 결과가 게임정보에 추가됐습니다." 메시지는 충격 자체였다. 인공지능은 스스로 학습하며 더욱 진화하고 있다.

회사에 충성만 하면 문제없다는 생각이 팽배했던 시대가 있었다. 이시기 《그대 스스로를 고용하라》구본형 지음, 김영사 출간를 펴내며 '직장인친구'라는 별명을 얻은 故 구본형 작가는 20세기 막바지를 '컴퓨터와 일자리를 두고 싸우는 시대'라 했다. 이젠 명령에 움직이는 컴퓨터와 비교할 수 없는 인공지능과 일자리를 두고 싸우는 시대가 왔다. 알파고가 그 신호탄을 알렸다.

알리바바를 창업한 마윈은 이런 변화에 대해 "세계는 향후 30년간 행복을 느끼기보다는 고통을 맛보게 될 것"이라며 경고했다. 특히 인터넷이 경제에 몰고 온 파장을 놓고 전통산업들이 불만을 토로하는 행위도 이제는 그만둬야 한다고 말했다. 인공지능시대에 전통산업들이 변하지 않으면 고통을 느낄 수밖에 없다는 경고다. 마윈은 변하는 세상에서 30년간 행복이 아니라 고통을 맛보게 될 거라는 부정적인 견해를 내놓는다.

인공지능이나 ICT기술 등을 가까이에서 다루지 않는 이상 왠지 나와는 멀어 보일 수도 있다. 하지만 생각보다 매우 가까이에서 우리 일자리를 위협하고 있다. 인류와 함께해온 전통산업 중 하나가 신발산업이다. 신발산업은 노동집약산업의 전형이다. 1993년, 아디다스는 자사 공장을 인건비가 싼 나라로 이전했다가 2016년에 다시 독일로 가져왔다. 신발공장은 주문자 생산방식으로 깔창부터 끈 색깔까지 주문자가 원하는 다양한 신발을 만들어야 하는 복잡한 공정이고, 연간 50만 켤레를 주문자 생산을 한다. 과거에는 오직 인력으로 충당했기 때문에 600명의 인원이 필요했지만 ICT기술이 들어온 이후에는 10명으로 줄었다고 한다. 무려 590명의 일자리가 사라진 것이다. 아디다스는 이 공장을 전 세계에 세울 계획을 하고 있다. 우리나라도 포함될지는 아무도 알 수 없다.

연일 외치고 있는 일자리 부족 문제는 정치권에 정책적 잘못도 있지만, 산업구조변화 원인이 크다. 이익을 최우선으로 하는 기업에서 ICT기술과 고용자 10명만 있으면 생산하는데 무엇 하러 600명을 고용하겠는가. 노동집약산업으로 불렸던 신발산업의 현주소다.

일자리를 두고 인공지능과 싸우는 시대가 보편화되어간다. 전문가들은 미래에는 일자리를 구하기 위해서 인공지능이 할 수 없는 일을 해야 한다고 말한다. 누구나 알고 있지만, 범위가 어디까지인지 알 수 없어 두렵다.

일자리 위협이 점점 커지고 빨라지고 있다. 산업구조가 빠르게 변하니 정부 지원도 한계가 있다. 앞으로 일자리 문제를 개인이 해결해야 하는 각자도생各自圖生이 될 수밖에 없는 운명이다.

인공지능 등장은 물론 인터넷이 생기면서 1분, 1초 단위로 모든 게 변하고 있다. 변화를 따라가기 위해 혁신을 외치지만 그것도 한두 번이지 매일 혁신을 한다면 피로를 준다. 더욱이 사람은 혁신에 저항하는 태생적 특성이 있다. 일자리를 위협받으며 빠른 변화를 강요하는 상황에서 창업환경은 어떨까?

TV를 보다 중년 연예인이 친구 중 은퇴 후 창업했다가 망한 사람을 수두룩하게 봤다며 창업에 대해 현실적인 이야기를 했다. "세상이 빨리 변하니 젊은 사람을 따라갈 수 없다. 모은 돈 가지고 이리저리 잘 굴려서 사는 게 본인이나 자녀들에게 좋다." 창업했다가 실패하면 본인은 물론 자녀, 집안까지 미치는 영향력을 생각하면 정답이다. 하지만 인공지능을 필두로 변화의 물결이 우리 일자리를 위협하고 있다. 여기에 늦어지는 취업, 결혼, 출산 문제로 좋든 싫든 오랫동안 일을 해야 하는 숙명이 다가오고 있다. 부족한 일자리와 빠른 퇴직 등 여러 요인으로 인해 창업은 더 이상 선택이 아닌 필수사항이 되고 있다.

일생에 한 번은 창업을 해야 하는 시대다. 많은 사람이 창업대열에 합류하고 있으며, 예비창업자는 창업대열에 합류하기 위해 준비 중이다. 준비 없는 창업은 최악의 창업이다. 하지만 상황에 몰리다 보니 최악에 창업할 수밖에 없다. 그 결과는 누구나 추측할 수 있다.

일자리 각자도생 시대를 살아가는 몇 가지 방법의 하나는 다음 일자리를 미리 준비하는 자세이다. 창업을 생각하고 있다면 현직에 있을 때부터 준비해야 한다. 이왕이면 인공지능의 영향이 적고, 큰 비용 없이 나자신이 상품이며 브랜드인 제로창업은 좋은 대안이 될 수 있다.

SNS마케팅 업체는 차고 넘친다. 콘셉트가 없다면 어중이떠중이 업체가 될 수 있다. '강진교SNS마케팅연구소'의 강진교 대표는 일찍이 SNS마케팅 시장에서 콘셉트의 중요성을 알았다. 기존 마케팅업체는 규모가 큰 업체만을 상대하려 했다. 강진교 대표는 직장인 시절부터 개인도 퍼스널브랜딩과 1인 미디어 SNS마케팅 시대가 올 거라 예상했다. 마음 같아서는 당장 개인 맞춤형 SNS마케팅 창업에 뛰어들고 싶었지만 두 아이의 아빠로서 해야 알 역할이 있었다. 그리고 빠르게 변하는 SNS마케팅 시장을 파악할 필요가 있었다. 낮에는 직장을 다니며 밤과 주말에는 대한민국에서 열리는 SNS마케팅 교육을 모두 따라다녔다. 그곳에서 인맥도 쌓고 아르바이트로 지인들 SNS마케팅을 도와주었다. 그렇게 7년이란 시간이 흘렀다. 7년 동안 그는 중형차 한 대 값을 교육에 투자했다. 투자는 헛되지 않았다. 강진교 대표는 SNS마케팅 기술은 물론 인맥, 사진 촬영, 마케팅적 글쓰기로 집필까지 할 수 있게 되었다. 직장 다니며 치열하게 배운 결과였다. 인맥, 경험, 거래처 등 상황이 성숙이 되자 창업을 했다. 지금은 소상공인, 1인 기업, 강사 등에 퍼스널브랜딩 SNS마케팅을 해주고 있다.

만약 강진교 대표가 1인 미디어 SNS마케팅 시장이 크게 흥할 것만을 알고 준비 없이 창업했다면 상당한 어려움에 봉착했을 것이다. 직장 다니며 준비하자는 선택은 탁월했고 끊임없는 교육과 경험을 통해 창업을 시작하자마자 수익을 낼 수 있었다.

인공지능의 등장으로 일자리 무풍지대는 없어지고 있다. 정부도 어찌할 수 없다. 일자리에서 각자도생의 시대가 시작되었다. 대안이 창업이라면 피하기보다 철저한 준비로 시작하자. 창업은 초기비용이 들지 않는다. 게다가 오랫동안 경험과 경력을 쌓은 창업이라면 성공확률은 높아진다. 자신이 가진 경험, 지식, 노하우, 기술로 시작해야 한다.

자본이 없는 평범한 사람에게 창업방법은?

　창업자를 인큐베이팅 하는 기관에 창업기업 스토리텔링 컨설팅 의뢰가 들어왔다. 스토리텔링 컨설팅은 사업계획서 컨설팅과 다르게 창업자와 깊이 있는 이야기를 할 수 있다. 편집하고 각색한 창업 배경이 아니라 창업자의 진짜 창업 이유 등 사업계획서 이면에 깔려 있는 진솔한 이야기를 들을 수 있다.

　창업자와 간단히 인사를 하고 창업 배경부터 아이템, 창업과정, 비전을 들었다. 이 정도면 스토리텔링 소재로 충분했다. 스마트폰 녹음기능을 끄고 창업자에게 지친 표정 같다고 말했다. 창업자는 요즘 지친다며 말을 이었다. 사연인즉 회사 다니며 알뜰살뜰 모은 돈으로 창업했지만, 다 까먹고 자의 빈, 디의 반 정부 창업지원에 도전해 지원을 받았다고 한다. 1년 동안 총 2,000만 원을 받았다. 그러나 제출할 서류들, 이리저리 불려다니고, 성과발표준비 등 과정이 너무 복잡했다. 정작 기술개발은 하지도 못하고, 고객도 많이 만나지 못했다며 아쉬워했다. 돈이 없기에 해야 할 일이지만, 창업자 성공을 돕고 있는 건지, 예산을 잘 사용하고 있다는 걸 증빙하기 위해 활동하는 건지 모르겠다고 토로했다. 그래서 내년에도 계속해서 정부 지원 받고 사업을 이어나가야 하는지 심각하게 고민된다고 말을 흐렸다.

자본 없는 사람이 창업하는 방법 중 하나가 일정 조건을 갖추고 정부 창업지원금을 받는 일이다. 하지만 조건이 까다롭다. 지원을 받았다 해도 후속적으로 해야 할 일도 많아 사업에 집중할 수 없는 경우를 종종 보게 된다. 창업자와 헤어지며 매년 1~2월에 봇물 터지듯 터지는 정부 창업지원금에 대해 다시 한 번 생각하게 되었다.

정부는 누구나 쉽게 창업하고 지속적으로 성장할 수 있는 환경 조성을 위해 여러 가지 대안을 내놓고 있다. 그중 하나가 창업경진대회, 공모전, 창업 성공스토리 확장, 투자 및 사업화 연계 등이다. 하지만 일반인이 생각하는 창업은 당장 생계 문제를 해결하기 위해 접근이 쉽고 이윤을 빨리 낼 수 있는 창업을 선호한다. 정부 지원과 일반 사람이 보편적으로 느끼는 창업과 미스매치가 존재한다. 정부 정책이 스타트업이나 벤처에 집중하고 있는 상황 속에서 생계형 창업을 하는 사람에게 미래를 위한 투자는 왠지 멀어 보인다. 이 미스매치는 당분간 해결의 기미가 보이지 않는다.

몇 년 전부터 창업컨설턴트라는 직업이 많은 사람에게 알려졌다. 많은 창업컨설턴트가 창업자 성공을 위해 사명을 가지고 활동 중이다. 상당한 전문성을 갖춘 프로들이다. 필자 주변에도 밤낮으로 활동하며 여러 기업을 성공시킨 컨설턴트를 볼 때마다 존경심을 보낸다. 창업에서 이들의 역할이 점점 커지고 있는 점은 분명하다. 하지만 일부 컨설턴트가 문제를 일으키는 것 역시 사실이다. 취업이 어려워지자 정부에선 창업과 스타트업을 장려하며 많은 지원금을 쏟아부었다. 창업자의 성공보다 지원금을 받게 해주고 수수료만 챙기는 컨설턴트가 문제를 일으키고 있다. 여기에 지원받은 창업자의 도덕적 해이도 문제를 일으키고 있다. 창업해서 경영하는 게 아니라, 적당한 선에서 폐업하고 다시 창업지원금을 받는 일명 '창업 놀이'를 하는 경우도 심심찮게 있다. 더 심각한 문제는 창업 놀이 같은 모습을 어디서 보고 배웠는지 청년창업자 중 스펙 쌓기용 창업인 '스펙 창업'을 하고 있는 청년들이 점점 늘어나고 있다. 대학 안에서 이루어지는 창업지원, 스타트업지원 사업팀에 이름만 올려놓고 창업 활동을 하지 않거나, 적당한 선에서 폐업하고 이력서의 사회경험에 창업을 기록한다. 선의의 피해가 나올 수밖에 없다.

　필자가 소속된 교육연구소에서 청소년 대상 창업 강의 의뢰가 들어온다. 청소년을 대상으로 하는 창업교육은 교육부가 주최하고 있다. 발명대회가 전부였던 10여 년 전과는 비교도 안 될 정도로 창업 환경이 성숙해진 긍정적 신호다. '수저론'이 등장한 세상에서 청소년에게 자본 없이도 창업과 스타트업을 할 수 있다는 희망을 주는 교육이 있어 다행이다.

'창업 놀이', '스펙 창업' 같은 어른들의 잘못된 태도도 개선해야 하지만, 청소년에게 잘못된 태도가 전이 되지 않도록 교육하는 것도 중요해 보인다.

자본금이 없는 창업자는 사업계획서를 잘 쓰고, 발표도 잘해야 한다. 누군가를 설득해서 자본과 인맥을 만들어내야 하기 때문이다. 부족하면 컨설턴트의 도움을 받을 수 있다. 하지만 창업, 스타트업에 지원금은 씨앗에 불과하다. 그것이 전부가 아니라는 사실을 알아야 한다. 아무리 실험적 성격이 강하더라도 지원금만 보고 창업하면 본질을 흐리게 된다. 창업자 본인도 오직 지원금만 바라보는 상황에 봉착하게 된다. 시작할 때 지원을 받을 수 있어도 반드시 자생할 수 있는 의지와 교육이 필요하다.

정부자금을 받을 수 있는 창업은 아이템 관점에서 크게 두 가지로 분류할 수 있다. 하나는 '기술제조'이고 다른 하나는 '지식서비스'다. 제로 창업의 경우는 지식서비스에 해당된다. 지식서비스는 기술제조와 다르게 인건비를 제외한 창업자본이 거의 들지 않는 장점이 있다. 또한, IT기기 발전으로 혼자 운영이 가능하다. 정부가 창업을 육성하는 이유 중 하나는 일자리 창출이다. 지식서비스는 한계가 있다. 여기에 지식, 경험, 노하우 등 무형의 자산을 가지고 투자자를 설득해야 한다. 사실 쉽지 않다. 필자는 물론 주변에 지식서비스로 정부 창업지원금에 도전했다가 실패하는 경우를 자주 본다. 여러 가지 이유가 있겠지만, 지식서비스의 근본적 한계라 생각한다.

　정부 창업지원을 받지 않아도 지식서비스로 창업하는 방법을 찾아야 하지 않을까. 정부 창업지원에만 함몰된다면 회사의 생명줄은 정부에 달린 일이다. 조금 더 자유롭고 나의 의지대로 활동하는 창업이 필요할 때다.

　내가 가진 지식, 경험, 노하우로 창업할 수 있다면 정부 창업지원에 시간을 빼앗기지 않고 내 의지대로 운영할 수 있다. 내 사업의 열쇠를 정부가 아닌, 내가 가질 수 있게 된다. 이렇게 되면 정부지원금은 보조적인 점프방법으로 활용할 수 있게 된다. 내 사업의 운명은 누구도 아닌 나에게 있어야 진정한 독립이며, 사업체다.

지식 자본,
경험 자본,
모객 자본의 힘

만유인력 법칙을 발견한 아이작 뉴턴. 그가 남긴 가장 큰 과학적 유산은 자연을 대하는 태도의 변화다. 이전까지 자연은 존경과 경배의 대상이었지만 뉴턴은 자연을 일정한 법칙이 존재하는 관찰의 대상으로 여겼다. 이 태도 변화는 과학진보에 큰 역할을 했다. 뉴턴이 태도 변화를 주장하기 훨씬 전부터 자연을 대하는 태도 변화를 주장하는 철학자가 있었다. 바로 탈레스다. 탈레스는 현상의 단순화를 통해 자연을 분석하고자 했다. 여기에 자연에 일어나는 다양한 현상을 신화나 괴물의 괴력이 아닌, 자연 그 자체에서 찾고자 했다. 이런 탈레스가 하녀에게 망신을 당한다.

어느 날 탈레스가 하늘의 별을 쳐다보며 걷다가 우물을 발견하지 못하고 빠져버렸다. 이를 본 하녀는 "하늘에서 일어나는 일을 알려다 발 앞에 있는 것도 보지 못하는군요" 하고 놀렸다. 현실과 동떨어진 삶을 살고 있다는 조롱이다. 그는 이런 조롱 말고도 돈도 벌지 못하는데 무슨 철학을 하냐며 사람들에게 비아냥거림도 들었다. 탈레스는 자신이 하는 일이 얼마나 현실에 적용되는지 보여주려는 듯 행동에 나선다. 탈레스는 오래전부터 개기일식을 예측할 정도로 날씨 변화를 읽을 수 있었다. 어느 해 날씨를 판단한 결과 올리브가 풍작이 될 거라 예상했다. 탈레스는 올리브 짜는 기계를 독점해서 큰돈을 번다. 오랫동안 쌓아온 지식과 경험을 금융 자본으로 바꾸는 순간이었다. 노동하지 않아도 지식만으로 돈을 벌 수 있다는 걸 보여준 아주 오래된 이야기다.

"지식이 자본이다."

솔직히 식상한 이야기며, 탈레스 시대부터 증명된 사실이다. 인터넷의 등장으로 지식은 폭발적으로 증가하면서 지식의 가치는 떨어졌다고 한다. 하지만 지식을 가진 사람은 인터넷의 도움으로 더 많은 사람에게 영향력을 행사하고 있다. 영향력이 금융 자본으로 바뀐다.

지식이라 해서 공인된 학교를 졸업한 것이 전부는 아니다. 지식의 종류는 정말 다양하다. 그중 남들이 가지지 못한 지식은 자본이 된다. 탈레스는 날씨를 읽는 지식을 갖고 있었다. 수많은 제로창업자는 자기 분야에 지식을 가지고 있다. 그 지식을 말과 글로 표현하며 돈을 벌고 있다. 이 책을 읽는 사람도 자기 분야에 지식이 있다. 그 지식에 의미를 부여하고, 체계화시키며, 가격을 책정한다면 자본으로 바꿀 수 있다. 지식을 금융 자본으로 만들어내는 힘. 이것이 지식 자본이다.

지식 자본과 함께 제로창업에 필요한 자산이 바로 경험 자본이다. 최근 경험 자본이 많은 주목을 받고 있다. 이유는 욜로족의 등장과 소비 때문이다. '인생은 한 번뿐이다'를 뜻하는 'You Only Live Once'의 앞 글자를 딴 'YOLO욜로'는 현재 자신의 행복을 가장 중시하여 소비하는 태도를 말한다. 욜로족의 폭발적 증가를 이끈 건 취업, 결혼, 육아 같은 전통가치관 붕괴가 큰 원인이며, 욜로족을 견인한 건 SNS에서 '자랑질'의 보편화다. SNS 속에는 힘들고, 지치고, 가난한 사람은 없다. 모두가 멋지고 잘 나가는 사람들뿐이다. 자신을 왜곡한다는 부정적인 평가보다 이제는 보편화된 문화라 인식해야 한다.

과거에는 좋은 가전제품, 좋은 자동차, 좋은 집 등 주로 물건을 자랑했다. 여기에는 한계가 있다. 요즘에는 남들이 하지 못한 경험을 자랑한다. 대표적으로 해외여행이 있다. 하지만 해외여행도 흔해지고 있어 다른 경험을 갈망한다. 남들이 하지 못하는 고가의 동물 키우기, 특출한 사람만 쓸 수 있다고 생각했던 책 쓰기, 극한까지 경험하는 여행 등 비용이 얼마라도 지불하고 경험한다. 한 번뿐인 삶을 즐기고 남들이 하지 못한 일로 자랑도 해야 한다. 이 경험을 차근차근 배우기에는 시간에 한계가 있다. 그래서 전문가를 찾는다. 과거 경험 자본은 기업경영 같은 곳에 한정되었다. 지금은 상상도 못할 분야로 늘어났다.

국내에도 지진의 심각성을 느끼는 요즘이다. 건물을 지을 때 내진설계는 의무화 된 지 오래다. 내진설계 이론은 많이 있지만, 토지상태, 건물용도 등을 보고 종합적으로 판단하는 실무자는 많지 않다. 건축회사는 이익을 남기기 위해 고가의 장비나 필요 이상의 설비로 내진설계의 견적을 내야 한다. 의뢰자는 비용을 줄이고 싶어 한다. 이런 접점에서 창업한 O 대표가 있다. 내진설계에서 비용을 줄이면, 줄여준 비용에 일부를 수수료로 받는다. O 대표가 오래전부터 실무에서 경험한 내진설계 경험으로 돈을 벌고 있다. 경험을 자본으로 바꾼 일이다.

오랫동안 관상어를 키운 경험을 바탕으로 창업한 K 대표는 두 가지 아이템으로 수익을 창출한다. 하나는 유치원이나 어린이집을 상대로 관상어를 관찰할 수 있게 세팅해준다. 처음 영업을 시작할 때 유아 체육전문 업체와 제휴를 시작했다. 지금은 입소문이 나서 고정고객이 있다. K 대표의 또 다른 아이템은 최근 불고 있는 관상어를 키우고 싶은 개인을 컨설팅하는 일이다. 처음에는 무료로 해주다 수요가 늘어나면서 커뮤니티 형성과 함께 비용을 받고 있다. 모든 시작이 바로 K 대표가 오랫동안 경험한 관상어 키우기 경험이다. 이 역시 경험을 자본으로 바꾼 일이다.

특별한 경험을 해보고 싶은 사람이 늘어날수록 경험을 제공하는 창업자에게 지갑을 열 수밖에 없다.

지식 자본, 경험 자본은 제로창업의 기초다. 여기에 제로창업의 강한 시너지를 발생시키는 모객 자본이 있다. 갈수록 바빠지는 현내인을 득정 장소에 특정 목적으로 모으는 일은 정말 어렵다. 고로 모을 수만 있다면 큰 자본이 된다. 이 모객 자본에 필요한 건 SNS의 활용과 고객을 유혹하는 표현법이다. 이벤트성 선물을 주지 않는 이상 비용은 거의 들지 않는다. 제로창업은 사람을 상대하는 일이 많다. VIP나 1:1로 상품을 만들지 않으면 모객을 해야 한다. 모객이 힘이고 자본이 된다.

출간하면 출판사나 저자 모두 홍보의 필요성을 느낀다. 출판기념회나 출간강연회를 열어도 사람이 오지 않으면 소용없다. 매주 저자초청 강의 하나로 돈을 벌고 있는 P 대표가 있다. P 대표의 수익은 저자 후원, 출판사 후원, 청강비용이다. P 대표는 돈을 준다 해도 까다롭게 저자를 선정한다. 모임의 퀄리티 때문이다. 청강하는 사람들에게 2만 원을 받는다. 사람이 많으면 임대료 등을 내고도 남는다. 매주 열리는 모임인데도 기본 30명이 넘는 회원이 온다. P 대표는 이렇게까지 운영하기 위해 많은 고생을 했다. 처음 인터넷 카페를 만들었지만 흔한 독서모임의 카페였고, 수준 있는 저자를 모시기 위해 사비로 내야 했다. 하지만 일정 궤도에 오르자 출판사 후원도 들어오고 저자가 찾아와 강의하겠다고 자처했다. 이젠 유명저자라면 한 번쯤 강의하는 곳으로 바뀌었다.

모객 자본은 1분 1초가 바쁜 현대에 더욱 대접을 받는다. 많은 강사가 좋은 내용으로 강의를 무료로 열어도 사람을 모으지 못해 취소하는 경우를 많이 본다. 열심히 홍보해도 사람을 모으지 못한다. 하지만 일정한 충성참석자를 가지고 있고, 모객기술이 있다면 다양한 방법으로 이익을 얻을 수 있다. 제로창업의 수익은 사람에게서 나온다. 사람을 모을 수 있다면 자본으로 바꾸는 건 어려운 일이 아니다.

제로창업의 핵심자본은 지식, 경험, 모객이다. 이 자본들은 개별적이지 않다. 서로를 보완하며 자본으로 만들어낸다. 이 세 가지 중 무엇이 부족한지 파악하고 준비한다면 제로창업을 시작할 수 있다.

스스로
얼마나
진지한가

'명장, 고수, 달인, 베테랑.'

자기 분야에서 일정한 경지에 오른 사람에게 붙여지는 수식어다. 직업인으로서 한 번쯤 듣고 싶은 궁극의 경지일지 모른다. 이들을 볼 때마다 삶은 대박이 아니라 '축적의 미학'이란 생각이 든다. 저 정도 경지에 오르기까지 얼마나 많은 세월을 축적했을까 생각하면 저절로 고개가 숙여진다.

필자가 좋아하는 프로그램 중 하나가 SBS〈생활의 달인〉이다. 유명함을 떠나 모두가 자기 위치에서 최고의 경지에 오른 사람을 볼 수 있다. 달인들은 학벌, 지식, 타고남, 집안 배경 등과 무관하게 끊임없는 노력과 개선, 투자로 일정한 경지에 올라간다. 달인들에게 '업의 본질'을 물을 때가 있다. 어느 달인은 투박하게 이야기하거나, 어느 달인은 세련된 수식어로 이야기한다. 공통점이 있다면 준비했다는 듯 거침없이 이야기한다. 달인들이 거침없이 이야기할 수 있는 건 평소 업의 본질을 진지하게 생각하고 정립했기 때문이다. 업의 본질을 알기에 세월을 견디는 원천적 힘을 가지고 있다. 그리고 달인의 경지에 올랐다.

직업인으로서 누구도 따라올 수 없는 경지에 오른다는 건 생각만 해도 가슴 떨리는 일이다. 이 경지에 오르기 위한 방법으로 서양에서는 '1만 시간의 법칙'을 정립했다. 동양에선 '40년 법칙'이 있다. '10년은 입문, 20년은 고수, 30년은 제자 양성, 40년은 문파門派'의 경지다. 결국, 시간 조공이 필요하다. 시간 조공을 들일 때 개선을 반복하다 보면 문파를 만들 수 있는 경지까지 오른다. 경지에 오르는 일을 시작할 때 필요한 것이 있다. 바로 '자신이 좋아하고 잘하는 것'에 대한 진지한 물음과 진지한 대답이다.

취업, 창업, 스타트업, 프리랜서, 1인 기업, 진로, 적성 등 직업 또는 일과 관련된 모든 것에 시작은 '나 알기'다. 경지에 오르기 위한 1만 시간의 법칙, 40년 법칙 등 무엇이든 간에 일정한 세월을 견뎌야 한다. 내가 좋아하고 잘하는 것을 찾아야만 세월을 견딜 수 있다. 제로창업도 자신이 좋아하고 잘하는 것에서 시작한다.

우리나라 교육환경에서 '자신이 잘하고 좋아하는 것 찾기'는 대학교 이후에 거의 이루어지지 않는다. 대부분 학생 신분은 벗어나면 진지하게 고민을 시켜줄 스승이나 시간적 여유, 사회적 분위기를 제공해주지 않는다. 성인이 된 후에는 정말 알아서 찾아야 한다. 반대로 생각하면 더 좋은 기획일지 모른다. 제도권 교육에는 '잘하고 좋아하는 일'을 찾을 때 정형화된 방법을 제시한다. 성인이 되면 조금 더 자유로운 방법으로 이것을 찾을 수 있다. 여기서 잊지 말아야 할 태도가 있다. 바로 '얼마나 진지한가?'이다.

　제로창업은 자신이 좋아하고 잘하는 일과 지식, 경험, 노하우, 기술을 활용해 고객의 수요가 있는 접점에서 창업하는 것이 특징이다. 하지만 적은 창업금으로 시작해서 금전적 부담이 아무리 적다고 해도 여러 어려움이 정말 많다. 자신이 좋아하고 잘하지 못하면 이 어려움을 견딜 수 없다. 정말로 진지하게 묻고 답해야 하는 시간이 필요하다.

　"자신이 좋아하고 잘하는 건 무엇입니까?"

　몇 십 년을 내 몸과 마음으로 살아도 진지한 고민이 없었다면 말하기 어려운 질문이다. 그리고 새삼 이 질문이 낯간지럽다. 하지만 진지하게 고민한 사람은 제로창업 아이템을 찾을 수 있다. 여기에 질문은 꼬리에 꼬리를 물고 제로창업의 '업의 본질'은 무엇일까를 찾아낸다. 업의 본질을 안다면 이루고 싶은 경지에 올라갈 수 있다.

　대한민국 자기계발 분야에 한 획을 그은 공병호 소장은 업의 본질을 '아카데미즘과 저널리즘의 중간단계에서 콘텐츠를 만드는 일'이라 말했다. 공병호 소장 역시 일정 시간 자신이 좋아하고 잘하는 일에 대한 치열한 고민이 있었으며, 업의 본질을 알기 위해 끊임없이 묻고 답했다. 그 결과 골프 등 잡기雜技를 하지 않고 오직 출간과 강의, 아카데미 경영으로 한 획을 긋는 경지까지 올랐다.

우리는 얼마나 진지하게 자신을 알기 위해 질문하고 답을 찾았는가. '아이들이나 하는 일'이라고, 아니면 '생계도 바쁜데 고민은 사치'라 여기거나 '낯간지럽다'는 이유로 하지 않고 있는가. 제로창업은 물론 직업인으로 일정한 경지에 오르기 위해 필요한 과정이다.

몇 개월 전, 《1인 기업이 갑이다》윤석일 지음, 북포스 출간 독자에게 장문의 메일이 왔다. 30대 후반 여성으로 이름이 알려진 대기업에 다니고 있었다. 남편도 같은 회사에 다니고 있어 수입은 괜찮지만, 조직이 젊어 선배들 정년을 생각하면 생존 기간은 대략 5년 전후라 설명했다. 여기에 자신이 회사에 다니는 가장 큰 이유는 가족 행복인데 직장에서 받은 스트레스를 남편과 아이에게 푸는 것 같다며 답답해했다. 1인 기업 책을 보면서 자신을 정말 진지하게 돌아봤다고 한다. 그는 자신이 좋아하고 잘하는 일이 손기술로 하는 일이라 결론을 내린다. 자신이 손기술로 무엇을 할 수 있을까 고민하던 시기 가족과 우연히 놀러 간 곳에서 캘리그라피를 구경한다.

남편이 "당신이 캘리그라피하면 잘할 거야"란 말을 듣는다. 스치는 말이지만 손기술로 무엇을 할 수 있을까 고민하던 시기라 매우 진지하게 받아들였다. 이후 어떻게 시작할지 묻는 메일을 나에게 보낸 일이다.

제로창업 할 수 있는 아이템을 찾는 것만으로 절반은 완성했다고 답했다. 이후 필요한 요소를 알려주고 메일을 주고받았다. 진지한 물음 끝에 제로창업 아이템을 찾은 건 절반은 완성된 상태다. 나머지는 차분히 준비하는 일만 남았다. 좋아하고 잘하는 일이 손기술이라 결론 내렸으며, 필연처럼 캘리그라피가 다가와 제로창업의 절반은 완성했다.

지역에서 문을 연 모든 음식집을 성공시킨 《장사꾼 DNA》장석봉 지음, 함께북스 출간의 저자 장석봉 대표는 아파트를 구매할 때 진지하게 고민하고 생각하면서도, 본인은 물론 가족에게도 영향을 미치는 창업에 대해서는 진지하게 생각하지 않는다고 말한다. 자신에 대한 진지한 생각이 창업의 시작이란 뜻이다. '자신이 좋아하고 잘하는 일이 무엇입니까?' 낯간지럽고 '새삼 이 나이에 무슨' 일이라 생각하면 제로창업에서 발생하는 수많은 어려움을 이겨나갈 힘을 발휘할 수 없다. 제로창업은 수입 이전에 자신을 재창조하는 일이기 때문이다.

제로창업을 하고 싶다면 진지하게 답해보자.

1. 지금 하고 있는 일은 무엇이고, 업의 본질은 무엇인가?

2. 지금 하고 있는 일로 창업할 수 있는가? 있다면 무엇을 준비해야 하나?

3. 직장을 제외하고 많은 시간을 보내는 곳은?

4. 직장 인맥을 제외하고 주로 만나는 인맥은?

5. 남들이 당신에게 주로 묻는 '그 무엇'은?

6. 남들보다 탁월하게 성과를 냈던 일은?

7. 남들보다 특별히 공부했거나 오랫동안 했던 취미는?

8. 본업을 제외하고 일정한 수입을 올린 일이 있다면?

9. 온전한 몰입과 즐거움으로 했던 일은 무엇인가?

10. 당신의 사명이 있다면 무엇인가?

준비하기 좋은 곳은 지금 있는 곳이다

2014년에 출간된 필자의 책 《1인 기업이 갑이다-실전편》윤석일 지음, 북
포스 출간의 핵심을 뽑으라면 "하고 싶은 일에서 단돈 만 원이라도 벌어봐
야 한다"를 뽑고 싶다. 시간이 흐른 지금은 "월급의 25%는 벌어봐야 한
다"로 바꾸고 싶다.

직장을 제외하고, 하고 싶은 일로 단돈 만 원 또는 월급의 25%를 벌
수 있다면 창업아이템을 상품화시켰다는 뜻이다. 상품화시킨 아이템은
고객 정의도 마쳤다고 볼 수 있다. 고객 정의만큼 창업에서 중요한 요소
도 없다.

많은 창업자가 아이템에 집중하는 경향을 볼 수 있다. 아이템도 꼭 필
요한 요소지만 이 상품을 구매해줄 고객이 누구인가를 알지 못하면 '공

허한 나만의 아이템'일 뿐이다. 고객 정의를 일정한 수입이 있을 때 미리 파악한다면 창업 후 시간과 에너지를 어디에 집중할지 알 수 있다.

창업은 본인뿐만 아니라 가족에게도 미치는 영향이 강하다. 신중에 신중을 거듭해야 한다. 하지만 몰리는 창업을 하는 경우를 종종 본다. 철저한 준비를 해도 부족한 데 몰리는 창업을 하면 어려움에 봉착할 수밖에 없다. 여기에 '뜬다' 소문으로 창업을 하는 경우도 있다. 지금은 정보유통이 빨라 뜨는 아이템을 잡아 창업해 단박에 대박을 터뜨리기는 한계가 있다. 그리고 '뜬다'는 소문이 나면 정보력과 자본력이 부족한 개인은 뜨는 아이템으로 돈을 벌 수 없다. 뜨고 있다고 소문이 나면 거품이 빠지고 성숙하거나, 몰락할 일만 남았다는 뜻이다. 정답이라 말할 수 없지만, 대부분의 뜨는 창업아이템은 비슷한 사이클로 생겼다가 사라진다. 뜨는 아이템은 개인이 알 때쯤 늦는다.

창업에서 뜨는 아이템을 잡기보다 축적의 미학으로 쌓은 지식, 경험, 노하우를 바탕으로 일정한 수입이 있는 지금, 그곳에서 창업아이템으로 돈을 벌어본 경험으로 시작하는 편이 위험부담이 적다.

우리는 자기계발 책을 통해 끝단에 몰리면 더 맹렬해진다고 이야기한다. 위기가 다가오면 자신을 벼랑 끝으로 세우라고 한다. 하지만 모든 사람에게 적용되는 말은 아니다. 끝단에 몰리면 물불 안 가리고 뛰는 사람이 있는가 하면, 반면에 끝단에 있다면 마음이 불안해서 제대로 집중하지 못하는 사람도 있다. 끝단에 있어도 집중과 몰입으로 더욱 맹렬히 일할 수 있는 사람은 창업으로 성공할 가능성이 크다. 반대로 불안에 떨고 있다면 철저한 준비로 창업해야 한다. 끝에 있을 때 맹렬하게 덤비는 유형이든, 불안에 떠는 유형이든 창업해서 생존 기간을 늘리는 방법은 철저한 준비라는 사실은 변하지 않는다.

누구나 알아주는 회사에 다니다 갑작스러운 해고를 당한 O 대표가 창업을 했다. 직원에게 알리지 않고 경영진은 회사를 외국기업에 인계했다. 기업을 인계하면 기존 멤버는 바람에 등불일 수밖에 없다. 잔류를 희망했지만, 회사는 냉정하게 정리했다. 불행 중 다행으로 회사에 있을 때 특허도 몇 건 출현했고, 유럽, 일본 등 기술자들과 인맥이 있었다. 주경야독으로 박사과정까지 마쳤다. 그의 기술과 인맥을 알아본 중국기업에서 러브콜을 보냈다. 그러나 O 대표는 가지 않았다. 1~2년 좋은 대접을 해주다 기술력을 모두 가져가면 냉정하게 버릴 것이 뻔했다. O 대표는 스타트업 환경이 좋은 곳에서 창업했다. 그가 가진 기술종합솔루션을 제공하는 형태로 제로창업을 했다. 지금은 기술을 인정받아 투자도 받았고, 경영 세무 관련 컨설턴트의 지원도 받고 있다. O 대표는 갑작스러운 해고에도 축적해둔 특허와 기술력이 있어 다른 창업자보다 순조롭게 출발했다. 현재는 부족한 경영지식과 영업력을 보강하며 활동 중이다.

O 대표는 직장에서 20년 전 퇴직 후 모습을 그리며 특허와 기술력을 쌓았다. 퇴직 후 창업도 고민 대상이었다. 남들처럼 '3년 안에 창업하겠다'는 생각보다 준비하면 도움이 되겠다는 생각이었다. 조금씩 준비한 결과 갑작스러운 환경 변화에 큰 도움이 되었다.

O 대표가 현명했던 건 아는 분야로 창업했다는 점이다. 만약 그가 지금 뜨는 아이템을 잡겠다고 뛰어들었다면 새롭게 배우는데 시간이 소요되었을 것이다. 그동안에도 일정한 생활비는 나가야 하니 마음은 더욱 초초해질 수밖에 없다. 적어도 자신 분야는 누구보다 잘 알고 있기에 시간을 줄일 수 있었다. O 대표는 30대 초반에 은퇴 후를 고민했던 게 이렇게 도움이 될 줄 몰랐다고 표현한다.

조직에 있으면서 언젠가 창업하겠다고 생각하면 진지한 준비가 필요하다. 준비 없이 떠밀려 하는 창업은 마음이 불안해서 무언가를 제대로 할 수 없다. 창업을 준비하기 제일 좋은 곳은 지금 있는 곳이라는 점이다. 제로창업이라고 다를 게 없다. 초기비용이 안 들고, 위험부담이 적다지만 생존이란 문제에 늘 봉착한다. 조직에 있을 때 준비해야 한다.

조직은 우리에게 정말 많은 걸 제공한다. 창업하면서 뼈저리게 느낀다. 소속감이라는 심리적 안정과 보호막을 준다. 여기에 월급은 물론이고 점심식사, A4용지 한 장, 커피믹스 한 봉지, 볼펜 한 자루까지 제공해 준다. 그리고 내가 가진 지식이 현장에 먹히는지 테스트할 기회를 준다. 테스트 과정에서 실수해도 큰 실수가 아니면 어느 정도의 실수는 용납한다. 실수를 통해 배울 기회를 주는 곳은 사실 조직뿐이다. 많은 창업자를 만나 물어보면 실수 앞에 고객은 뒤도 돌아보지 않고 떠난다고 한다. 널리고 널린 게 아이템 창업자인데 실수를 품어가며 손해를 볼 필요가 없기 때문이다. 창업을 준비하기 좋은 곳은 조직에 있을 때다. 준비하기 가장 좋은 곳에 있다는 점을 알고 지금부터 준비하자.

제로창업으로 안전하게 연착륙한 사람들은 조직에 있으면서 다음과 같은 자세로 준비했다.

첫 번째, 심리적 독립을 유지한다. 근무시간에는 일에 집중하고 최선을 다한다. 하지만 조직과 자신을 동일시하지 않는다. 일류 기업에 다닌다 해서, 자신이 일류는 아니라는 점을 인식해야 한다. 조직에는 일정한 서비스를 제공하고 그에 따른 대가를 받는다고 생각한다. 그래서 조직은 언제든지 자신을 버릴 수 있다고 생각하며 항상 준비하는 자세를 겸비한다.

두 번째, 집중과 몰입 관점에서 시간 관리를 한다. 조직에 있다면 시간이 참 빨리 흐른다. 비슷한 패턴으로 사는 사람은 시간 개념이 약해지면서 시간을 잊을 때가 있다. 뒤돌아볼 때쯤 시간이 빨리 흘러간다고 인식한다. 조직에 있다 보면 항상 무언가 준비하기에 시간 부족에 시달린다. 여기에 큰 의미 없는 모임이나 막연한 자기계발 등으로 시간을 뺏기는 경우를 많이 본다. 제로창업은 일정한 실력이 있어야 인정받는다. 세월의 조공을 바쳐야 한다. 집중과 몰입을 위한 일정한 시간 투자가 있어야 한다.

세 번째, 누구보다 상승 의지와 개선 의지를 겸비하고 있어야 한다. 100세 인생에서 늦은 나이는 없다. 세월을 낚기로 유명한 강태공이 주나라 문왕을 만나 뜻을 펼친 시기는 80세다. 조직에 있다 보면 객관성이 결여된

부정적인 창업 소식을 접하는 경우가 많다. 소문은 좋은 건 멀리 가지 못하고 나쁜 소문은 빨리 퍼진다. 나이와 상관없이 상승 의지, 개선 의지가 있는 사람만이 조직에서 준비할 수 있다. 쫓아내기 전까지 끝까지 버티는 모습이 아니라 때가 되었을 때 멋지게 떠나는 사람의 모습은 아름답다. 아름다운 모습도 상승 의지와 개선 의지가 있는 준비된 사람만이 가질 수 있다.

어떤 일이든 일단 부딪치면 빨리 성장할 수 있다. 그렇지만 실패에 따른 대가가 너무나 혹독하다. 철저한 준비 끝에 움직여야 한다. 준비하기 가장 좋은 곳은 지금 있는 그곳이다. 구체적인 방법은 충분히 알고 있다. 실천만 남은 일이다.

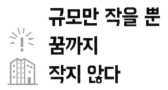

규모만 작을 뿐 꿈까지 작지 않다

"나는 죽도록 노력해서 평범한 직장인이 될 거야."

취업뉴스를 살펴보다 우연히 본 댓글이다. 이 댓글은 많은 호응을 받았다. 청년의 취업빙하기는 오래된 뉴스다. 이젠 죽도록 노력해야 평범한 직장인이 될 수 있는 시대다. 청춘 멘토, 힐링 전도사, 행복 강사들이 미디어에 등장해서 마음의 위로를 주고 있지만, 위로일 뿐 근본적인 대책은 아니다. 최근 이런 위로도 '청춘팔이로 돈 번다'며 냉소를 보내고 있다. 장기간 저성장이 만들어낸 우리 사회의 진짜 속마음일지 모른다.

청년세대만 이런 환경에 있는 건 아니다. 중장년이라고 좋은 환경에 놓인 것은 아니다. 지금 우리 사회는 충성했던 회사에게 배신당하고, 자녀의 봉양을 받지 못하는 첫 세대를 맞이하고 있다. 여기에 늘어난 수명으로 남은 시간 어떻게 살아야 할지 걱정한다. 특히 경제적인 부분이 가장 막막하다.

이런 불황을 극복하는 방법은 다시 호황이 오는 일이다. 호황은 '최고의 복지'라 하는 일자리를 만들어주기 때문이다. 이 역시도 여의치 않다. 전통적인 노동집약산업은 기계가 대체되고 있고, 기계가 접근할 수 없는 고부가가치산업은 고용에 한계가 있다. 결국, 호황도 죽도록 노력해서 평범한 직장인이 되겠다는 불행의 대안이 될 수 없다. 이제는 욕심을 내려놓고 주어진 환경에서 조용히 사는 게 최선일지 모른다.

일본에 '사토리 세대'란 말이 있다. 일본 버블경제가 끝나고 1980년 후반부터 1990년대에 태어난 세대를 말한다. 사토리는 '깨달음'을 말한다. 태어날 때부터 불황을 겪은 이들은 해외여행, 자동차, 집은 물론 돈벌이, 출세에 관심이 없다. 말 그대로 모든 걸 득도했다. 저성장이 가져온 활력을 잃은 청년이다.

우리도 크게 다르지 않다. 안분지족安分知足의 삶이 뒷방 어르신의 전유물이 아니다. 무엇을 해도 어려우니 욕심을 적당한 수준에서 타협하고 억제하는 게 좋은 선택이라 생각하는 사람이 늘어났다. 활력을 잃은 우리 사회의 모습이다.

창업도 그렇다. 적당히 먹고살 수 있게끔 움직이자는 생각이 많다. 창업이 어려운 점은 이러한 현상유지가 오히려 퇴보를 불러온다는 것이다. 조직의 보호를 받지 못하는 창업세계는 어느 곳보다 빨리 변한다. 현상유지를 하는 창업자는 빠르게 변하는 창업환경에서 퇴보하게 된다.

제로창업은 작게 시작할 수 있다. 노트북 한 대와 와이파이가 있는 카페만 있다면 시작할 수 있다. 그것도 없다면 집에서도 가능하다. 작게 시작할 수 있다는 점이 제로창업의 매력이다. 하지만 작게 시작할 수 있다 해서 꿈까지 작은 경우가 있다. 제로창업을 시작하기 전 꿈까지 작다면 창업에 대해 다시 한 번 생각해봐야 한다.

제로창업은 지식, 경험, 노하우, 기술을 바탕으로 '가치창조의 능력'을 발휘한다. 가치창조의 능력은 무한으로 발전시킬 수 있으며 이런 노력은 대단한 의미를 지닌다. 바로 우리 자신이 세상에 기여할 방법을 제시한다는 점이다.

적당한 기대치는 적당한 결과를 낳는다. 창업에서 '적당히'는 퇴보를 예고한다. 적당한 창업은 존재하지 않는다.

자신의 직업과 삶에서 기대치를 높게 잡는 일은 더욱 멋진 인생을 만든다. 제로창업은 규모만 작을 뿐, 꿈까지 작지는 않다. 제로창업을 통해 만들어내는 상품들은 내 생계뿐만 아니라 다른 사람에게도 많은 영향력을 행사한다. 조금 더 진지하고 무거운 마음으로 시작해야 한다.

지역에서 제로창업으로 출판사를 차린 Y 대표가 있다. 사무실은 따로 없고 집에서 창업했다. Y 대표 출판사는 어르신 자서전을 주로 출판한다. 구청에서 후원받아 자서전 쓰는 법을 교육하고, 출간까지 원터치로 해결해준다. Y 대표의 꿈은 모든 사람이 자기를 돌아볼 때쯤 자서전을 쓰게 돕는 일이다. 사진 속 기억만 있는 것과 글로 남기면서 체계적으로 정리하는 건 하늘과 땅 차이다. Y 대표의 수익은 구청 후원과 문화센터에서 강의하는 강의료다. Y 대표 나이를 생각하면 턱없이 부족한 수익이다. 하지만 Y 대표는 출판사를 꾸려가고 있다. 말 그대로 실리보다 명분을 찾는 출판사다. 그가 이 일을 시작한 건 영정사진 봉사하는 어느 사진사를 보고서였다. 그는 이 일을 하며 다른 사람의 삶의 의미를 정리해주는 일에 보람을 느낀다고 했다.

Y 대표는 자서전이 출간되면 직접 배달한다. 자신의 이야기를 온전히 담은 인쇄된 책을 받아본 어르신들의 한결같은 모습을 보면 큰 보람을 느낀다고 한다. 최근 그의 이런 취지를 알고 지역 유명인쇄소 등 후원이 들어오고 있다.

필자도 책과 관련된 일을 하다 보니 저자와 인쇄소 중간에서 받는 스트레스가 이만저만이 아니라는 걸 잘 알고 있다. 몇 번은 계약금을 줘버리고 취소하고 싶은 심정도 있었다. Y 대표는 그 스트레스를 이기고 사업을 꾸려가고 있다. 다른 사람의 삶을 정리해주고 싶다는 꿈이 있기에 가능한 일이다. Y 대표가 적당히 어르신 자서전 출판해서 인쇄비를 받겠다고 생각했다면 구청에 제출해야 하는 제안서와 서류, 워드를 못하는 어르신들의 워드 교육, 출판에서 이루어지는 이견 조율에서 받는 스트레스까지 견디지 못했을 일이다. 하지만 그는 꿈이 있기에 제로창업을 유지하고 있다. 규모를 떠나 타인의 삶을 정리해준다는 생각의 규모가 큰 꿈을 실현 중이다.

제로창업은 규모가 작은 창업이다. 위험도 상대적으로 낮다. 하지만 꿈까지 작아서는 안 된다. 제로창업에서 이루는 가치창조의 능력은 본인의 경제적인 부분과 세상에 긍정적인 영향력을 무한대로 펼칠 수 있다.

멋진 삶은 기대치를 높게 잡고 그곳을 향해 달려가는 일이다. 곳곳에서 불황과 안분지족을 이야기할 때 꿈을 가지고 발전해나간다면 큰 기회가 다가올 수 있다. 제로창업은 어느 창업보다 큰 꿈을 가져야 하는 창업이라는 점을 잊지 말자.

제 2부

창업자에게
필요한
6가지
조건

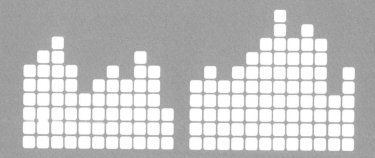

혼자 놀 줄
알아야
배울 수 있다

몇 년 전부터 '스타트업', '1인 기업', '프리랜서', '지식창업' 같은 단어가 일반인에 알려지기 시작했다. 제로창업은 지식창업에 가깝지만, 스타트업, 1인 기업, 프리랜서 범주에도 포함된다. 제로창업을 준비하는 사람으로 한 번쯤 개념정리가 필요하다.

최근 유행하는 '스타트업'은 벤처창업을 대표하는 용어다. 네이버 지식 백과사전에는 "혁신적 기술과 아이디어를 보유한 설립된 지 얼마 되지 않은 창업기업으로, 대규모 자금을 조달하기 이전 단계라는 점에서 벤처와 차이가 있다"라고 정의한다. 벤처기업 이전 단계가 스타트업이다. 혁신적인 기술과 아이디어가 기술은 물론 지식서비스도 포함된다.

1인 기업과 프리랜서는 비슷해 보지만 1인 기업은 모든 일을 혼자 처리하며 기업, 개인 고객을 직접적으로 상대하는 경우가 많고 일을 지속해서 한다는 특징이 있다. 프리랜서는 특정한 곳에서 수요가 있을 때만 업무를 처리하므로 단속적이다. 지식창업은 금전으로 환산할 수 있는 가치 있는 지식을 보유한 개인 또는 조직이 특정 매개를 통해 부를 창출하는 일을 창업하는 행위라 할 수 있다.

제로창업은 4가지 직업 모두를 포함하고 있다. 아이템에 따라 알맞은 방법으로 일하면 된다. 제로창업은 쌓아놓은 지식, 경험, 노하우, 기술을 상품화시킨다. 여기에 창업의 요소를 포함하기 때문에 누구나 초보 시절을 겪는다.

누구든 새로운 일을 시작하면 처음에는 어색하고 생소하다는 느낌을 받는다. 아무리 조직에서 오랫동안 배우고, 실무경험이 있다 해도 창업을 하면 어색하고 생소하다. 그전까지 경험해본 적 없는 경영, 인사, 세무, 영업 등을 해야 한다. 경험이 많아도 제로창업을 시작할 때 초보의 설움을 톡톡히 치르기 마련이다.

설움을 치를 때 사람마다 대하는 태도가 다르다. 누구는 실수한 부분을 채우는데 급급하지만 누구는 배운다는 생각으로 실수를 처리한다. 채우는데 급급한 사람은 일을 배우는 속도가 느릴 뿐만 아니라 일과 학습을 분리해서 생각한다. 반대로 실수를 통해 배우는 사람은 누구보다 발전 가능성이 크다. 제로창업을 성공하기 위해선 후자의 태도를 가져야 한다.

우리가 실수를 통해 배우기 위해서는 '반성'이 있어야 한다. 반성은 누구와 함께하는 게 아니다. 혼자 해야 한다. 혼자 있는 시간이 많은 사람은 반성하며 앞으로 나아갈 수 있다. 혼자 있기를 두려워한다면 반성하며 나아가지 못한다.

제로창업뿐만 아니라 모든 비즈니스는 집중과 몰입의 결정체다. 인맥을 두고 하는 사업이라도 일정 기간 홀로 조용한 곳에서 실력을 쌓아야 한다. 사람들은 요란한 빈 수레보다 실력이 있는 사람과 사귀고 싶어 한다. 홀로 있을 줄 아는 사람이 집중과 몰입으로 실력을 쌓을 수 있다.

제로창업은 기존 아이템과 플랫폼에 나만의 차별화를 넣어 창업한다. 타인 눈에는 듣지도, 보지도 못한 새로운 비즈니스모델이 많다. 사람들은 들어보지 못한 비즈니스모델은 일단 의심부터 한다. 어떻게 하겠는가? 인간의 태생이 그러하고, '사기 공화국'이란 오명이 있는 우리나라에서는 어쩔 수 없이 받아들여야 하는 숙명이다.

지금 성공적으로 자리 잡은 모든 비즈니스모델도 의심받는 시기가 있었다. 새로운 비즈니스모델에 타인의 의심은 숙명 같은 존재다. 그래서 알리바바의 마윈 회장은 가난한 사람에 대해 "새로운 비즈니스모델이라 하면 다단계라고 하고"란 말을 하지 않았는가. 제로창업의 새로운 비즈니스모델도 타인의 의심 속에서 이루어진다. 의심하는 사람을 일일이 대응하면 많은 시간과 에너지, 비용을 낭비해야 한다. 무리 속에 뛰어나와 자신의 감정과 에너지를 보호해야 한다.

사람들은 주변에 편한 사람에게 조언을 구하길 좋아한다. 창업할 때도 그렇다. 앞에도 이야기했듯 창업은 본인은 물론 가족에게도 영향력을 끼치기에 신중하고 객관적인 조언이 필요하다. 신중하고 객관적인 조언을 구할 때는 전문가를 찾아야 한다. 제로창업을 하겠다면 먼저 제로창업을 한 사람에게 조언을 구해야 하는 법이다. 새로운 비즈니스모델을 일단 의심부터 하는 사람에게 구하면 시작부터 기운이 빠진다. 제로창업자는 혼자 놀 줄 알고 혼자 노는 와중에 배움과 반성으로 앞으로 나아간다.

'한국의 데일 카네기'라는 별명을 가진 조관일 창의경영연구소 대표가 있다. 입사에서부터 은퇴까지 직장인이 거쳐야 하는 모든 단계를 책으로 엮어낸 우리나라 최초·유일의 저술가다. 조관일 대표는 다양한 경험과 40년에 걸친 강의 활동이 조화된 산업교육 자기계발 분야의 최고수다. 강사 관련 제로창업을 꿈꾼다면 좋은 모델이다.

조관일 대표는 농협에서 상무로 일했고 퇴직 후 강원도 정무부지사, 대한석탄공사 사장을 걸쳐 산업교육 강사로 활동 중이다. 현재 54권의 저서로 평생 현역을 실천하고 있다. 그가 이렇게 성과를 내고 제로창업으로 성공할 수 있었던 원천은 무리를 뛰어나와 혼자 놀 줄 알아서다.

그는 농협에 입사 후 한적한 지점에 발령받는다. 당시 자기계발 개념도 없었고, 시간만 흐르면 진급도 알아서 하는 시기였다. 퇴근 후 직원들은 모여 고스톱을 쳤다고 한다. 빠질 수 없는 분위기에 조관일 대표도 지기 시작했다. 고스톱을 1년이 넘도록 계속했다. 그러던 어느 날 고스톱을 치면서 거칠어진 자신의 입과 행동을 감지한다. 그리고 자신 앞에 20년 선배의 모습을 보게 된다. 머리가 벗어진 중년 남성이 욕을 하면서 고스톱에 열중하고 있었다. 그 모습을 보고 정신이 번쩍 들었다고 한다. 20년 후 자신의 모습이 될 수 있다는 생각에서였다. 다음날 무리를 나오기로 했다. 쉽지 않은 결정이었다. 무리를 나왔지만, 막상 무엇을 어떻게 할지 알 수 없었다. 그렇게 1년간의 고민 끝에 '은행 서비스'에 대해 공부하고 책을 내보자고 결심했다. 다시 1년간의 공부와 집필로 31세 때 《고객응대》라는 책을 펴내며 서비스 분야와 조직관리 분야에 새로운 기회를 열어갔다. 이후에도 "말과 글에 많은 빚을 지었다"고 말할 정도로 자기계발을 위해 조직에 있지만, 조직 밖에서 활동하며 제로창업을 준비했다.

조관일 대표는 제로창업 후 전국을 무대로 활동하고 있다. 직장에 있을 때부터 혼자 놀 줄 알았기에 창업 후에도 불안해하지 않고 꾸준히 성장할 수 있었다. 만약 혼자 놀 줄 몰랐다면 배움은 물론 외롭고 쓸쓸해서 무리를 쫓아다니며 좌고우면할 수밖에 없었을 것이다.

제로창업은 다양한 유형의 비즈니스모델이 많기에 참고할 선행모델을 찾지 못하는 경우가 있다. 어쩌면 지금 당신이 시작하는 창업이 제로창업의 선구가 될지 모른다. 실수했을 때 반성할 시간이 없다면 진보하지 못한다. 반성은 혼자 있을 때만 할 수 있다. 그리고 사업은 집중과 몰입의 결정체며 실력이 있어야 인정받는다. 실력이 없는 상태에서 인맥을 쌓겠다고 여기저기 눈도장 찍으러 돌아다니면 가벼운 사람으로 보일 수 있다. 반대로 실력과 능력이 있다면 알아서 찾아온다.

혼자 놀 줄 아는 사람이 배울 수 있고 실력을 쌓을 수 있다. 혼자 노는 데 익숙해져라. 제로창업은 누구도 아닌 자신이 가진 지식, 경험, 노하우, 기술을 상품화시키는 일이다. 혼자 만들 수밖에 없다. 혼자 노는 사람은 자신을 잘 아는 사람이다. 창업하겠다고 방방 뛰어다니며 이리지리 돌아다니다 자신을 잃어버리는 잘못을 범하지 말자. 제로창업은 어중이떠중이에게는 기회가 주어지지 않는다.

제로창업자의
7:3
법칙을 알자

"저는 음식집이 왜 망하는지 모르겠습니다."

도발적인 말로 인터뷰를 시작한 모 프랜차이즈 대표와 인터뷰를 했었다. 대표 말처럼 그는 식당 창업 100% 성공을 자랑한다. 프랜차이즈도 마찬가지다. 5개 브랜드 프랜차이즈로 지역을 평정하고 지금은 더 많은 지역으로 확장 중이다.

그의 성공은 프랜차이즈 점주를 꼼꼼히 선별하는 일로 시작한다. 말로는 누구나 절박하다. 하지만 행동 여부는 다르다는 설명이다. 본점에서 설거지를 일주일만 시키면 음식 장사 할 사람인지 판단할 수 있다고 한다. 2일 정도는 꿋꿋하게 하지만 3일 넘어가면 불만이 나온다. 돈 갖다 주면 모셔가는 프랜차이즈가 널렸는데 설거지 1~2일이면 충분하지

'갑질 하느냐' 따진다. 그럼 절대 음식 장사 하지 말라 충고하고 조용히 굿바이 한다. 음식 장사는 맛이 생명이다. 맛을 내는 건 사람이다. 사람이 행복해야 좋은 맛을 낼 수 있다. 사람은 직원을 말한다. 직원의 마음을 아는 점주가 되라는 주문이다. 설거지도 못하는 사람이 설거지하는 직원을 행복하게 해줄 수 없으며, 고객도 행복하게 해줄 수 없다고 한다. 그래서 그의 프랜차이즈는 오랜 기간 일해 온 아르바이트생이나, 조리원이 많다고 한다. 본사와 점주 간의 깊은 신뢰를 느낄 수 있었다.

그는 창업에 대해 말한다. 음식 장사가 진입장벽이 낮고, 시장이 크다 해도 어려운 창업이며, 아무리 음식 장사가 체질에 맞아도 싫어하는 일을 해야 할 때가 있다. 싫어하는 일을 할 때 태도가 사업의 승부를 결정한다. 그 태도를 평가하는 방법이 설거지였다. 사업을 위해 싫어하는 일도 해야 하며, 그 일을 대하는 태도가 중요하다고 강조한다.

좋아하고, 잘하는 일만 하면서 돈 버는 사람이 건강 다음으로 최고의 복福이라 생각한다. 우리 삶은 25~30년 넘게 일하기 위해 배우고, 실습한다. 그리고 하루의 패턴은 일하기 위해 출근하고, 다음날 일하기 위해 퇴근 후 잠잔다. 주말도 평일에 일하기 위해 휴식을 취해야 한다. 경영자, 대표라고 다를 것 없다. 직원보다 더 많은 시간을 일에 투자한다. 그래서 좋아하고, 잘하는 일만 100% 하는 사람은 큰 복을 가진 사람이다. 결론부터 말하면 그런 복은 꿈에나 있을 법한 복이다. 음식 만드는 일이 아무리 좋아도 설거지를 해야 하고 정교한 위생관리가 필요하다. 웹툰 그리는 일이 아무리 좋아도 외주제작업체에 클레임을 받고 늦도록 수정해줘야 한다. 좋아하고, 잘하는 일을 하기 위해 그에 필요한 제반 업무도 해야 한다. 제반 업무 중 싫은 일도 있다. 많은 제로창업자를 만나면 대략 7:3이라 한다. 어느 아이템은 5:5라 설명하기도 한다. 창업을 종용하는 많은 책特히 지식기반창업에서 설명하는 '좋아하는 일로 시작하여, 無위험, 無스트레스, 고소득으로 편안한 인생을 얻는다'는 문구는 사실 존재하지 않는다. 싫어하는 일을 해야 하면서도 또래 직장인보다 수익을 못 올리는 사람도 사실 많다.

필자는 창업하기 전 강연으로 제로창업을 직장에서 준비했었다. 조직에 속한 상태에서 느끼는 창업과 조직 밖에서 피부에 닿는 창업은 정말 천지 차이였다. 조직은 부서가 있고 톱니바퀴처럼 각자 일을 하면 된다. 조직 안에서 강연 제로창업을 준비했을 때 퍼스널브랜딩과 콘텐츠제작 일만 하면 된다고 생각했다. 마치 내 업무만 하면 끝난다는 생각으로 말이다. 순진한 생각이었다. 퍼스널브랜딩과 콘텐츠제작은 업무의 한 부분일 뿐이다. 정말 많은 일을 해야 했다. 말도 안 되는 일로 클레임을 거는 고객을 찾아가 금액을 첨부해야 하고, 정해진 커미션보다 황당한 후원 요구, 알지도 못하는 세금 문제, 복잡한 계약서 작성 등 조직에서 겪지 못한 일들이 일어났다. 그 비율이 7:3이다. 7의 즐거움을 위해 3을 해야 제로창업이 될 수 있다. 문제는 싫어하는 일 3이 좋아하는 일 7을 덮을 때가 있다. 제로창업자는 이 부분을 경계해야 한다.

제로창업은 일반 창업보다 진입장벽이 낮고, 위험이 적기 때문에 쉽게 시작할 수 있다. 동시에 쉽게 그만두는 경우도 많다. 창업하는 정확한 목적과 철학이 필요하다. 정확한 목적과 철학은 절박감을 낳는다. 이절박감이 제로창업을 지속시킬 수 있다.

취미와 돈 버는 일은 차원이 다르다. 취미가 제로창업이 될 수도 있지만, 일을 대하는 태도는 완전히 다르다. 싫어하는 일도 해야 한다는 마음과 그 일을 대하는 태도가 절실해야 한다.

1년 전, 정년을 앞두고 여행 관련 제로창업을 하고 싶다는 직장인을 만났다. 부부가 오랫동안 국내 여행을 다녔다. 유명 여행 잡지에 소개될 정도로 부부는 여행을 사랑했다. 컨설턴트로 핵심 콘텐츠는 부부가 함께 다녔다는 자체가 아이템이었다. 남자의 경우 숙박, 화장실 등 제약이 상대적으로 적지만, 여자의 경우 신경 쓸 부분이 많다. 함께 여행하는 방법을 프로세스 시키고, 사람을 모아 여행을 함께하자는 콘텐츠의 창업이었다.

콘텐츠를 듣고, 부부 여행이 필요한 사람을 모으는 일이 중요했다. 그래서 집객의 중요성과 관련 기관 제휴방법, 퍼스널브랜딩 관련 제반 업무를 이야기해주었다. 퍼스널브랜딩 방법 중 그동안 쓴 글을 모아 출판을 조언했다. 실천은 본인 몫이다. 1년이 흐른 지금 변화한 건 없다. 미팅할 때도 그에게 창업해야겠다는 절박감이나 목적, 마땅한 이유가 없어 보였다. 지금 돌아보면 그가 딱 취미만큼만 그 일을 즐기는 것으로 끝낸 것이 좋았다고 생각한다. 창업은 싫은 일도 기꺼이 그리고 절박하게 해야 할 때가 있기 때문이다. 그에게 그런 열정은 없었다.

좋아하고 잘하는 일만 하는 사람은 흔치 않다. 완벽한 자아 성찰과 완전한 경제적 자유를 얻은 사람만이 100% 좋아하고 잘하는 일만 할 수 있다. 제로창업 역시 마찬가지이다. 좋아하고 잘하는 일로 시작하지만 그것이 전부는 아니다. 때에 따라 싫어하는 일도 해야만 한다. 싫어하는 일도 해야 할 때 어떤 태도를 가져야 하는지 자문해보자.

취미는 취미일 뿐이다. 어쩌다 취미로 강연자로 불러주고, 지인이 구매해서 수익을 올릴 수 있다. 하지만 사업은 그 이상의 일이다. 취미가 사업이 되었을 때 아이템은 하나의 요소일 뿐이다. 사업을 위해서는 다른 일도 해야 한다.

최대한
작게 시작해야
멀리 간다

과거 미디어는 언론이나 기업의 전유물이었다. 고가의 장비에다 시스템도 매우 복잡했고, 평범한 사람은 접근할 수 없는 전문가 영역도 많았다. 1999년 8월 개인 홈페이지 개념인 '싸이월드'의 등장으로 미디어 환경은 완전히 바뀌었다. 개인도 미디어를 가질 수 있는 세상이 열린 것이다. '1인 미디어'의 시작이다. 이후 등장한 스마트폰은 '언제 어디서나'를 뜻하는 '유비쿼터식 미디어'로 세상을 바꿔놓았다.

개인도 스마트폰만 있으면 미디어를 통해 자기 목소리를 낼 수 있다. '양띵', '김이브', '대도서관' 등 1인 미디어로 콘텐츠를 만들어 흥행에 성공한 BJ는 유명 스타 못지않은 인지도와 수익을 올리고 있다. 1인 미디어와 수익성을 바탕으로 중소기업을 뛰어넘는 강력한 개인이 등장했다.

연예인이나 스포츠 스타에게 붙여지는 '걸어 다니는 중소기업'이 일반인에게도 붙여질 수 있는 시대가 열린 것이다.

1인 미디어는 제로창업에서 소프트웨어, 하드웨어 모두를 무한대 확장했다. 사무실이 없이도 창업할 수 있으며, 직원 없이도 억 단위 매출도 어렵지 않게 올릴 수 있다. 마케팅도 지구 반대편에 있는 사람에게 상품을 알릴 수 있다. 1인 미디어는 제로창업에서 '최대한 작게 시작'을 구현하게 해주었다.

제로창업을 시작하자마자 수익을 올리는 경우는 많지 않다. 전문가와 고수들이 즐비한 세상에서 창업하자마자 초보자에게 일거리를 주는 경우는 드물다. 상품을 시장에 알리고, 자신의 브랜드를 팔기 위해 일정한 시간이 필요하다. 이 시간은 아이템과 창업자 의지에 따라 천차만별이지만 많은 창업전문가는 1년에서 3년을 잡는다. 최장 3년을 생존할 수 있어야 한다는 뜻이다. 이 생존 기간을 늘리는 방법은 창업할 때 최대한 작게 시작하는 일이다. 제로창업은 비용 발생이 적어 위험부담이 적다는 인식 때문에 일정한 고정비를 놓치는 경우를 본다.

강의에 나가 제로창업에 대해 이야기하면 '양복 몇 벌과 노트북만 있으면 창업할 수 있다'는 생각이 지배적이다. 여기에 포털사이트나 유튜브에서 쉽게 찾을 수 있는 성공한 제로창업자를 보면서 막연한 희망으로 창업에 도전한다. 기본적인 생존비용, 수익 발생 시점, 고정비, 변동비는 생각하지 못한다.

체면을 중시하는 문화도 최대한 작게 시작하기를 어렵게 한다. 직장에서 괜찮은 직책에 있다가 제로창업을 하는 사람을 보면 공통된 특징이 있다. 바로 필요 이상의 '체면 비용'을 사용한다는 점이다. 생존 기간을 스스로 줄이는 행동이다. 창업 관련 책이나 교육에서 줄기차게 과거의 영광을 잊고 새롭게 시작하라고 말해도 일단은 남 보라는 듯 시작한다. 고정비가 많이 나가면 초조해지면서 콘텐츠제작이나 영업에 집중할 수 없어 무리수를 두게 된다.

교육서비스로 제로창업한 창업자 사무실을 방문했다. 기업을 다니다 임원이 되기를 접고 명퇴자금을 투자해 교육서비스로 창업했다. 사무실은 40명 넘게 수용 가능한 교육장이 있었다. 임대료가 상당할 거라 예상된다. 창업한 지 4개월이 넘었지만 마땅한 교육콘텐츠가 없어 교육장은 오픈식 빼고 사용한 적이 없었다고 한다. 필자에게 싼 가격에 대여해 줄 테니 교육장을 사용하라고 했다. 하지만 오래전부터 창조경제혁신센터 등 쾌적한 곳에서 무료로 강의장을 사용하고 있어 필요성을 느끼지 못했다. 여기에 고객수요를 파악하지 못하고 무작정 만들어버린 카탈로그를 보여주었다. 교육서비스에도 다양한 분야가 있는데 도대체 어떤 콘텐츠가 핵심인지 알 수 없었다. 교육서비스 분야는 상당한 전문성을 요구한다. '시켜만 주면 다 한다' 같은 카탈로그는 전문성이 없는 회사로 보일 수 있다. 창업자금이 얼마나 있는지 정확히 알 수 없지만 낭비하고 있는 부분이 많다는 생각이 들었다.

창업자는 직장에 있을 때 인맥이 넓냐며 안심했지만, 모든 인맥이 몇 십 년 동안 거래해온 교육업체를 뒤집고 1년도 안 된 신생교육업체에 일거리를 줄지를 생각해볼 일이다. 사실 체면을 중요시하는 많은 창업자가 겪는 시행착오를 똑같이 겪고 있었다.

제로창업자가 고민하는 부분 중 하나가 사무실이다. 집에서 일할 수 있지만, 긴장감이 떨어질 수 있다. 사무실을 차린다면 최대한 작은 소호 사무실로 시작할 수 있다. 인터넷과 미팅룸, 탕비실까지 깨끗하고 완벽한 곳이 많다. 여기에 우편 수령, 전화 서비스까지 정말 잘 되어 있다. 비즈니스 환경변화에서 제로창업자가 많이 유리한 상황으로 바뀌고 있다. 체면 비용을 줄이면 고정비가 줄어든다. 줄인 비용으로 콘텐츠 개발에 집중하거나, 영업에 집중할 수 있다.

최대한 작게 시작해야 생존 기간이 길어진다. 수익 발생도 중요한 부분이나 생존이 우선이다. 멀리 가기 위해 줄이고 줄여야 한다. 생존하지 못하면 체면은 의미가 없다.

가벼운 제로창업은 다음과 같은 방법으로 최대한 비용을 줄이고 줄인다는 특징이 있다.

첫 번째, 시간 비용 개념을 누구보다 정확히 알고 있어야 한다. 지금은 세세한 분야까지 맡길 수 있는 세상이다. 오투잡(http://www.otwojob.com) 사이트 등 외부에 맡기고 자신은 핵심 콘텐츠에 집중한다. 작은 비용을 아끼겠다고 잘 모르는 분야를 시작했다간 엄청난 시간 비용을 사용해야 한다. 제로창업자 중 고정비용에서 본인 인건비를 놓치는 경우가 있다. 본인 인건비도 비용이라는 생각으로 시간 비용을 계산해야 한다. 시간 비용을 최대한 가볍게 하면 멀리 그리고 오래 갈 수 있다.

두 번째, 공공재를 잘 활용해야 한다. 창업은 한두 번 하다 그만두는 이벤트가 아니다. 누구든 화려한 사무실과 똑똑한 직원을 두고 싶지 않겠는가? 하지만 비용이 발생한다. 일정한 수익이 발생하기 전까지 조금은 불편하더라도 참아야 한다. 가까운 카페를 가보자. 정말 쾌적하고 인터넷도 잘 된다. 4,000원으로 모든 걸 누릴 수 있다. 도서관은 어떤가. 자료도 많고 인터넷도 빠르다. 그리고 유명강사들의 강의도 무료로 들을 수 있다. 성공한 제로창업자들은 알게 모르게 공공재를 잘 활용한다.

세 번째, 솔직해야 한다. 체면보다 창업의 본질을 이해하고 자신의 처지를 솔직하게 밝혀야 한다. 창업은 남 보여주는 일이 아니다. 남 보여주다 망할 수 있다. 솔직해질 필요가 있다.

제로창업은 가볍고, 위험부담이 적다는 장점이 가장 큰 매력이다. 제로창업을 할 때 가볍지 못하면 이 매력을 포기하는 꼴이다. 최대한 작게, 최대한 가볍게 시작해라. 제로창업에서 당신은 스스로가 상품이자 기업이다. 제로창업을 위해 이미 많은 걸 갖춰진 상태라는 걸 기억하자.

제로창업의 알파와 오메가는 영업 능력

"고객이 거절하지 않고 친절하면 오히려 불안합니다."

《거절을 거절하라》유준원 지음, 더클코리아 출간의 저자 유준원 대표가 강의에서 했던 말이다. 중소기업중앙회 노란우산공제회 세일즈맨으로 입사 후 5개월간 단 1건도 계약시키지 못했던 그는 6년 만에 전국 판매 1등으로 거듭났다. 이런 성과를 낼 수 있었던 건 책 제목처럼 '거절을 거절'했기에 가능했다. 유준원 대표는 영업비법이 따로 있지 않다고 말한다. 영업에 관심 없는 사람도 알고 있는 영업방법을 꾸준히 그리고 열정적으로 하면 된다고 설명한다.

제로창업은 유준원 대표의 상품처럼 무작정 문을 열고 들어가는 '생영업'은 많지 않다. 하지만 거절을 거절할 정도의 마음은 갖출 필요는 있다. 고객에게 정성을 들였는데 계약이 성사되지 않아도 실망하지 않고 계속할 수 있는 마음이 있어야 한다.

필자도 옆에서 지켜만 봤을 뿐 경험이 없는 분야에 호기롭게 제로창업을 했다가 영업 앞에서 뼈저린 실패를 한 경험이 많다. 고스트라이터 Ghostwrite, 인쇄소, 유통업체 등은 시스템이 괜찮은 회사들과 제휴했다. 나머지는 영업만 잘하면 된다. 영업하면서 끊임없이 요구하는 가격할인, 시간과 비용을 투자했지만 계약 직전에 연락 두절, 공산품이 아닌 상품 특성상 애매한 고객 클레임, 알게 모르게 요구하는 후원 등을 겪으며 모든 영업인을 존경하기 시작했다.

관점 따라 다르기에 단언할 수 없지만, 제로창업에서 아이템이 '2', 영업이 '8'이라 주장하고 싶다. 필자와 같은 서비스로 창업한 선배 중 영업 경력이 있는 사람은 성장 속도가 비교할 수 없을 만큼 빠르다. 사실 부러울 따름이다.

제로창업자가 고객 만나기를 두려워한다면 사실상 대책은 없다. 과거 인맥을 활용해 소개와 소개를 통해 일거리를 받을 수 있지만, 이 역시 만나야 일이 성사된다.

기업인사팀을 그만두고 강사 플랫폼으로 제로창업한 기업을 방문했다. 창업자는 물론 직원 모두는 연구개발만 하고 있었다. 기술제조 스타트업도 아닌데 연구개발에 집중하는 이유를 물으니 콘텐츠가 완벽하지 않다는 설명이다. 제로창업에서 완벽한 콘텐츠는 평생 투자해도 나온 수 없다. 직원은 연구개발을 하더라도 창업자는 강사협회, 모임에 나가 회사를 홍보하면서 관심 있는 사람에게 제안 영업을 하는 게 좋지 않은지 물었다. 창업자는 콘텐츠가 부족하니 영업도 어렵다며 연구개발이 우선이라 한다. 연구개발에 몰두해서 대량생산할 수 있는 기술제조도 아닌 플랫폼 창업으로 언제쯤 수익이 나서 인건비, 운영비를 벌 수 있을까 걱정이 몰려왔다. 그리고 완벽한 콘텐츠는 창업자 입장에서 완벽한 콘텐츠인지, 고객이 정말 필요로 하는 콘텐츠인지 생각해봐야 한다. 고객이 필요로 하는 콘텐츠는 필드에서 뛰어봐야 알 수 있는데 작은 사무실에서 연구개발만 하고 있다.

세상에 좋은 물건과 서비스는 넘친다. 하지만 팔지 못해 사라지는 경우가 허다하다. 제로창업도 좋은 서비스나 플랫폼이 많고 지식기반, 성과기반이 주류를 이룬다. 한마디로 내 상품 아니어도 좋은 게 많은 세상이다.

제로창업은 문을 열어놓고 고객이 알아서 사는 것과는 성격이 다르다. 고객을 만나 끊임없이 알리고 팔아야 한다. 제품도 내가 아니라 고객과 소통하며 업데이트를 해야 한다.

영업이 어려운 건 실체Core가 존재하지 않기 때문이다. 돈은 빌리면되고, 경쟁제품은 뜯어보고 모방하면 된다. 하지만 영업은 실체가 없기에 변화무쌍하며 모방할 수 없다. 제로창업이 100가지라면 영업방법도 100가지다. 그래서 성공한 제로창업자들은 영업에서 기본기를 강조한다. 기본이 탄탄해야 변칙도 잘할 수 있다는 설명이다.

제로창업에서 영업의 기초는 브랜딩 작업, 고객 정의, 진정성 등 세 가지로 볼 수 있다. 하나하나 살펴보면 다음과 같다.

첫 번째는 브랜딩 작업이다. 제로창업의 경우 창업자가 상품인 경우가 많다. 특정 아이템이 있다 해도 창업자가 브랜딩 되었다면 고객미팅 때 많은 호감을 받을 수 있다. 제로창업 브랜딩은 정확한 아이덴티티를 담은 네이밍에서 시작된다. 제로창업자 중 브랜딩 작업을 위해 1인 연구소를 설립하는 경우가 있다. 이름만 들어도 무엇 하는지 정확히 아는 경우가 있고 애매함을 주는 이름이 있다. 고객이 직접 찾아가 무엇을 하는 곳인지 물어볼 여유와 이유가 없다. 브랜딩 작업에서 꾸준함이 생명이다. 조령석개 하듯 바꾸어 버리면 혼란만 생긴다. 다양한 방법으로 노출 방법을 고민해야 한다. 이외에 퍼스널브랜딩, 기업 브랜딩에 관한 책과 이론은 많으니 참조하면 좋다.

두 번째는 고객 정의다. '대한민국 30대 여성 10%', '자기계발이 필요한 직장인', '진로가 고민인 청소년' 등 제로창업을 꿈꾸는 사람에게 고객 정의를 요청하면 자주 듣는 정의이다. 사실 이 정도의 정의는 고객 정의가 아니다. 창업자의 바람일 뿐이다. 정확한 고객 정의는 '○○시 ○○구 ○○ 유치원 외에 30곳', 'MCN ○○ 업체 외에 동영상 제작업체 30곳' 같이 구체적인 고객 정의가 있어야 한다. 고객 정의가 정확하면 고객을 만나기 위해 누굴 통해 접촉을 할지, 어떤 제안서를 써야 할시 나올 수 있다.

고객 정의에서 목표 고객을 조금 더 나눌 수 있다면 선택과 집중으로 만날 수 있다. 목표 고객은 크게 5단계로 구분한다.

1단계: 단순고객 — 안면구매

2단계: 매니아 고객 — 얼리 어답터

3단계: 조언 — 고객 기축(機軸)

4단계: 입소문마케터 — 구매추천

5단계: 전략적 투자자 — 투자 경험

고객을 정의하고, 상위단계 고객을 만나기 위해 제로창업자는 집중해야 한다. 단순고객은 일회성 판매로 끝나고 만다. 영업전문가들은 영업의 진검승부인 재구매를 생각하면서 시작부터 상위고객이 될 가능성이 있는 고객을 만난다.

세 번째는 진정성이다. 영업 관련 책, 자료를 찾아봐도 진정성 이야기를 빼놓지 않는다. 성공한 제로창업자들 역시 진정성은 언젠가 알아준다고 말한다. 빠름을 예찬하고 마케팅이 난무하는 시대에 더욱 빛을 보는 건 진정성이다. 제로창업 아이템마다 요구하는 영업비법은 다를 수 있지만, 진정성은 언제나 고객을 감동하게 한다.

영업 기본만 이야기하면 한 권으로 부족하다. 발로 뛰는 영업, 봉사형 영업, 제안형 영업, 세미나 영업 등 제로창업 아이템에 맞는 영업법이 저마다 다를 것이다. 분명한 건 영업에 기초인 사람을 만나는 걸 두려워하거나 겁내지 않아야 한다는 것이다. 모든 비즈니스의 알파와 오메가는 사람이고, 그것이 영업이라는 사실을 제로창업자는 뼛속 깊이 알아야 한다.

외부정보와
지원을
적극적으로 활용해라

춘추전국시대 사상가 관중管仲이 쓴 《관자》에는 '사지사지 귀신통지思
之思之 鬼神通之'란 말이 나온다. 풀어보면 '밤낮을 골똘하게 생각하면 귀
신을 통해서라도 알게 된다'는 뜻이다.

미술아카데미를 운영하는 Y 대표가 있다. 몇 개월 전 Y 대표에게 상
담 메일이 왔다. 메일에는 절박함을 느낄 수 있었다. 소외계층 청소년에
게 마음치유를 위한 미술아카데미를 운영하고 싶은데 정부 지원방법을
모르겠다는 메일이다. 이 아이템을 1년 넘게 고민하면서 이젠 실행으로
옮길 때라는 결론을 내리고 메일을 보냈다. 제로창업으로 본다면 모객
으로 창업을 하고 싶은 일이다. 뜻은 좋으나 수익 방법이 자세히 없었
다. 순수봉사가 아니면 이상과 뜻이 좋다 해도 반드시 수익이 나야 한

다. 답장에 수익 방법 고민과 창업정보를 얻을 수 있는 사이트 몇 개를 링크해주었다. 실천은 본인 몫으로 남겼다.

다음날 지역에 있는 창조경제혁신센터를 찾아가 상담을 받았다고 메일이 왔다. 교육신청까지 완료했으며 3월에 있을 창업선도대학 창업아이템 사업화에 지원하겠다는 포부를 말했다. 그후 그는 사업자등록을 마치고, 협업할 사람을 모았다. 지역아동센터를 찾아가며 제휴를 맺고 참여의향서를 받아오는 등 준비를 철저히 했다. 여기에 스타트업 관련 사이트에 있는 교육 동영상을 보면서 지원 사업을 준비했다. 필자와는 사업계획서와 발표준비 피드백을 주고받으며 함께했다. 그 결과, 센터 입주기업으로 선정되었고 지식서비스 분야에서도 많은 지원금을 받았다. 지금은 센터 안에 있는 각종 지원과 네트워크를 활용하고 있다. Y 대표를 보면서 오랫동안 생각했던 일을 할 수 있어 누구보다 행복하겠다는 생각이 들었다. 생각을 행동으로 옮겨 정부 지원에 도전했고 필요한 정보나 인맥을 적극적으로 활용했다.

우리나라 창업환경은 교육이나 지원 면에서 과거보다 확실히 좋아졌다. 하지만 자영업 창업이 선진국의 2배다 보니 비율적으로 창업에 대해 좋지 않은 뉴스를 많이 접할 수밖에 없다. 여기에 정부 지원만 노리는 일부 창업자의 부도덕함과 정치권에 휩쓸리는 정책 탓에 창업환경에 대한 평가가 제대로 이루어지지 않고 있다. 분명한 건 누구는 외부정보와 지원으로 꿈을 이루고 있다는 점이다.

개선할 점이 많지만, 창업자로서 받을 수 있는 지원과 교육을 외면할 필요는 없다. 하지만 지원과 교육을 도약에 필요한 방법으로 여겨야지 사업의 유일한 목숨줄이 되어선 안 된다. 지원금만 바라보면 독립할 힘과 의지를 스스로 없애는 꼴이다.

정부 지원사업과 교육정보는 중소기업청, 창업진흥원, K-Startup, 비즈인포, 창업보육센터에서 얻을 수 있으며 창업 분야와 지역에 따라 지자체, 정부산하 홈페이지를 참조하면 된다. 현재 상황에서 맞는 지원과 교육프로그램이 다양하게 있다.

많은 제로창업자들이 정부 지원을 받고 싶어도 어려워하는 이유 중 하나가 바로 사업계획서 작성이다. 특히 눈에 보이지 않는 제로창업의 경우, 사업아이템을 설명하려니 어려움이 많다. 필자는 무작정 정부 지원에 도전하기보다 상품 '예비테스트'를 한다면 작성이 훨씬 쉬워진다고 말하고 싶다.

예비테스트를 하는 방법은 세 가지가 있다.

첫 번째, 무료로 고객에게 서비스를 제공한다. 무료라도 고객이 필요성을 느끼지 못하면 사용하지 않는다. 무료도 고객이 없는데, 유료로 한다면 고객이 있을지 판단할 수 있다. 여기에 수익모델에 대한 그림을 그릴 수 있다. 또한, 고객이 서비스를 이용하면 피드백을 준다. 이때 아이템의 수정·보완이 가능하다. 예비테스트에서 가장 중요한 요소라고 말하고 싶다.

두 번째, 시장조사를 검색에서 벗어난다. 시장조사에서 고객조사는 물론 경쟁자, 관련 종사자 등을 만나야 시장의 정확한 흐름을 이해할 수 있다. 사업계획서를 작성할 때 불분명한 상태가 아니라 경쟁자, 고객 등을 명확히 제시할 수 있어 신뢰성을 높일 수 있다.

세 번째, 창업교육을 활용한다. 초보자 입장에서 사업계획서 단어들이 생소할 수 있다. 전국에 있는 창업 관련 교육기관 홈페이지에 정보를 얻어 교육을 받으면 된다. 시간상 어렵다면 'K-startup창업에듀'를 이용하면 된다.

예비테스트까지 완료했다면 사업계획서에 눈을 돌려보자. 사업계획서는 지원사업에 따라 조금씩은 다르지만, 전반적으로 비슷하다. 제대로 배운다면 든든한 지원군이 될 수 있다.

사업계획서는 아이템이 무엇인지, 시장규모와 발전 가능성, 창업자가 접근 가능한 시장, 아이템의 가치창출, 창업자 전문성, 수익모델을 말할 수 있어야 한다. 사업계획서를 작성할 때 외부 도움은 받을 수 있어도 창업자가 사업계획서 항목을 명쾌하게 설명할 줄 알아야 한다.

일반적인 정부 지원사업계획서에서 볼 수 있는 항목을 바탕으로 작성 방법을 제시하면 다음과 같다.

· 창업자의 전문성과 아이템의 적합성 아이템이 특별해도 창업자가 구현할 수 없으면 실행에 옮기지 못한다. 창업자가 얼마나 전문성을 갖췄는지 어필해야 한다. 이때 별첨하는 방식으로 자료를 추가하면 좋다. 단

화려한 경력이라도 아이템과 관계가 없다면 제외해라.

· **수익의 구체적인 실현화 계획** 사업을 하는 이유는 이익창출이다. 작더라도 수익계획을 제시해야 한다. 어느 단계에서 어떤 형태로 수익을 낼지 구체적인 계획이 있어야 한다. 여기에 타당한 근거는 기본이다. 추가해서 수익 발생 후 확장성을 제시할 필요가 있다.

· **현재 기술, 기능으로 구현 가능성 제시** 아직 없는 기술과 기능을 발명, 개발해서 아이템을 실현할 수 있지만, 창업자에겐 해당하지 않는다. 자본, 인력이 부족한 상태에서 발명, 개발은 언제 하고, 만들어 팔 수 있겠는가. 기존 기술과 기능으로 구현할 수 있다는 점을 제시하라.

· **숫자와 공인된 증거를 제시** 창업은 상상력에서 시작하지만, 성공 가능성은 열정보다 숫자와 공인된 증거로 설득해야 한다. 근거 없는 자료는 감점 대상이다.

· **시각화로 쉽게 접근** 사업계획서 평가자는 모든 분야에 전문가는 아니므로 제안한 아이템을 자세히 모를 수 있다. 시각화를 통해 평가자의 가독성과 이해성을 높일 필요가 있다.

창업자에게 중요한 요소 중 하나가 표현력이다. 사업계획서 작성과 발표로 표현력을 기르고 전문가에게 평가받는 것도 발전에 도움이 된다. 사업계획서 작성에 대한 책과 전문가의 도움을 받는 것도 좋은 방법이다. 외부에서 주는 정보과 교육, 지원을 최대한 활용하자. 사업을 한 단계 점프시키는 데 큰 도움이 될 것이다.

제로창업의 승부처, 기획은 몰입과 집중의 승부

아침에 출근해서 업무에 들어가기 전 커피 타임을 갖는다. 동료들과 어제 있었던 소소한 뉴스거리로 이야기를 시작한다. 10여 분이 지나고 업무에 들어간다. 회의를 하면 1시간은 훌쩍 지나간다. 1~2시간 오전 업무를 마치고 점심을 먹는다. 다시 오후 시간. 메신저 확인도 하면서 사무실 안에 이런저런 잡무를 한다. 진짜 업무는 1~2시간 정도다. 어느덧 6시. 퇴근할 시간이다. 상사가 퇴근하지 않아 눈치가 보인다. 정시퇴근은 물 건너갔다. 내일도 비슷한 패턴으로 살 것 같다. 시간은 나를 위해 더디게 가지 않는데 같은 패턴으로 오늘도 지나갔다.

조직문화가 달라졌다지만 많은 직장인이 회의부터 시삭해 어러 가지

잡무 때문에 시간 낭비가 많다고 말한다. OECD 국가 중 근무시간이 많은 나라 1위를 두고 우리나라와 멕시코가 매년 다투고 있다. 반대로 노동생산성은 꼴찌에 가깝다. 근무시간은 많으면서도 노동생산성은 매우 낮다. 한마디로 일할 때 시간 낭비가 심하다는 뜻이다.

우리나라가 근무시간대비 생산성이 떨어지는 건 업무 외적인 일에 신경을 많이 쓰기 때문이다. 유교문화를 바탕으로 한 조직문화가 남아있고 조직이 존재하는 곳에 빠질 수 없는 '정치'가 많기 때문이다. 차츰 나이지고 있지만, 아직도 업무보다 인간관계 중심의 조직문화가 많다. 이런 환경에서 창의력과 문제해결력이 필요한 기획업무를 발휘하기는 쉽지 않다. 반대로 이런 환경에서 기획업무를 잘할 수 있다면 누구보다 능력을 인정받을 수 있을 것이다.

내 시간을 내 의지대로 사용하고 싶어 창업했다. 하지만 창업해서도 집중과 몰입은 쉽게 허락되지 않는다. 직장인일 때보다 더 바쁘다. 직원을 둘 수 없으니 모든 업무처리는 내가 해야 한다. 바쁜 시간을 보내보면 창업아이템의 본질을 잊어버리고 시간에 함몰되어 정신없이 시간이 흘러간다.

조직에 있다면 소속감을 가질 수 있고, 나를 알아주는 동료에게 하소연할 수 있다. 창업은 끝도 모를 외로움과 함께한다. 내가 받는 스트레스, 고통을 아는 사람은 많지 않다. 창업자에게 감정도 하나의 자산이다. 감정을 회복하기 위해 또 시간과 비용을 써야 한다. 무엇이 중요한 지도 모르고 시간이 흘러간다. 제로창업자에게 중요한 기획업무는 몰입과 집중의 결정체인데 시간에 함몰되어 어렵기만 하다.

기획업무는 시간 대비 성과를 내는 일이 아니다. 정확한 목표를 만들고 그에 따른 최적의 계획을 짜는 일이다. 장시간보다 짧은 시간 동안 몰입과 집중의 싸움이다. 몰입과 집중을 위해 일정 부분 정리가 필요하다. 특히 집중과 몰입에 필요한 에너지를 훔쳐가는 인간관계 정리가 필요하다.

예술가는 비즈니스를 위해 사람을 만나고 자신을 알리지만, 작품 활동을 할 때는 집중과 몰입을 위한 절제의 시간을 갖는다. 관계로 일을 이루는 사람도 혼자 일해야 하는 부분이 있다. 몰입과 집중의 결정체인 기획을 위해 과감한 절제가 필요한 것도 사실이다.

70세가 넘어도 날카로운 시선으로 대한민국 교육 현실을 지적한 《풀꽃도 꽃이다》조정래 지음, 해냄출판사 출간의 작가 조정래. 《태백산맥》, 《아리랑》, 《한강》조정래 지음, 해냄출판사 출간을 펴내며 대한민국 문학사 300년이 할 일을 30년 만에 끝냈다고 극찬을 받았다. 이런 조정래 작가도 원고를 쓸 때 솔직한 마음을 언론 인터뷰에서 이야기했다.

"50년 동안 글을 써오면서도 늘품이라고는 전혀 없이 새 글을 쓸 때마다 절망감에 빠져 스스로의 무능함을 탄식하는 제례의식을 치른다."

《태백산맥》등 많은 책이 무능함에 제례의식을 치르고 탄생했다는 말에 존경과 감탄을 보낸다. 조정래 작가는 자신의 무능함을 채우기 위해 그토록 좋아하던 술을 끊은 것으로 유명하다. 몰입과 집중을 위한 절제인 셈이다.

젊은 시절 조정래 작가는 말술이었다고 한다. 1973년 박정희 정권의 10월 유신조치로 교단을 떠나고 전업 작가로 살게 된다. 글을 써내지 못하면 수입은 없다. 술을 마시면 다음 날은 물론 머리가 맑아질 때까지 3일이 걸린다고 한다. 술 마시면 4일을 글을 쓰지 못한다. 이렇게 10번만 마시면 단행본 한 권 쓸 시간을 버린다고 한다. 몰입과 집중을 위해 시간의 소중함을 누구보다 잘 알기에 술을 마시지 못했다. 그렇게 술을 끊어버리고 하루 16시간 글을 쓰기 시작했다. 세월의 내공內功과 끊임없는 노력으로 무협지에 나올 법한 문파를 만들 수 있는 경지에 올라갔다.

모든 삶은 가치 있다. 꼭 뛰어난 경지에 오른 사람만 가치 있는 삶은 아니다. 장삼이사(張三李四)도 세상에 한 부분이며 가치 있는 삶이다. 하지만 한 번쯤 삶을 개척하고 세상에 영향력을 행사하고 싶은 사람이라면 문파를 만들 경지를 꿈꿀 만하다. 여기에는 몰입과 집중의 일정한 세월이 필요하다.

방방 뛰어다니며 할 일이 있고, 차분히 해야 할 일이 있다. 기획은 차분한 몰입과 집중이 필요한 일이다. 몰입과 집중을 위해 절제가 있어야 한다. 조정래 작가처럼 16시간을 온전히 몰입하고 집중할 수 있다면 기획을 넘어 어느 분야에서도 성공할 수 있다. 세상이 아무리 빠름을 예찬

하더라도 축적의 미학은 변하지 않는다. 절제로 몰입과 집중의 힘을 발휘할 때다.

제로창업은 기획에서 시작되며, 기획에서 확장된다. 기획의 핵심은 몰입과 집중력이다. 시간의 소중함을 누구나 알고 있다. 무언가를 기획할 때 몰입과 집중을 하는지 스스로 평가할 필요가 있다. 좌고우면하다 보면 소중한 시간이 지나간다. 제로창업자에게 시간은 돈이며 잘 활용한다면 경쟁우위에 올라갈 수 있는 기회다. 몰입하여 일하는 습관과 방법을 찾아보자.

제 3 부

대한민국에서
지금 할 수 있는
제로창업
7가지

제 1 장

사람을 모으면 거대한 자본이 된다

ㅡ 회원 커뮤니티 창업

바쁜 현대인,
모으기 쉽지 않기에
더 가치 있다

2015년, 저녁이 있는 삶을 살고 싶어 9급 공무원 시험에 합격했다는 서울대생 글이 화제를 모았다. 화제를 모았다는 건 공감 가는 사람이 많다는 뜻이기도 하다. 출근했다가 퇴근 후 저녁이 있는 삶을 사는 당연함을 누리기 힘든 현대인이다. 어느 정치인이 '칼퇴근법'을 공약으로 내세울 만큼 대한민국 직장인은 시간에 쫓기며 살고 있다.

칼퇴근법까지 만들어야 하는 상황에서 평범한 직장인이 시간을 낼 수 있는 때는 오직 주말뿐이다. 주말에는 취미, 여행, 자기계발 할 자유시간이 주어진다. 그러나 통계에 따르면 주말은 TV로 시작해 TV로 끝난다는 경우가 많다. 2016년 〈서울경제신문〉에서 발표한 통계는 성인남녀 1,002명을 조사한 결과 응답자 62.6%가 여가시간에 가장 많이 하는 활동이 TV 시청이라 답했다. 정부에서 2006년부터 조사하기 시작한 '여가백서'에서도 10년간 부동의 1위를 차지한 여가활동은 TV 시청이다. 주말에 TV 시청에 매몰된 이유는 취미 인프라 부족, 경제적인 이유 등을 꼽았다. 이런 현상에 대해 전문가들은 '일 중심사회'의 어두운 측면이라 지적했다.

업무를 대신해줄 컴퓨터와 스마트기기가 발달하고, 민주적 조직문화가 안착하고 있지만, 생존경쟁에 밀려 시간에 쫓기고 피로함에 절어 살고 있는 게 현대인이다. 이런 현대인을 특정 목적이 있는 곳에 모으는 일이 쉽지 않다. 반대로 이런 현대인을 목적과 취지에 맞게 모을 수만 있다면 제로창업 아이템은 물론 창업 이후 확장에도 유리한 입지를 다질 수 있다.

사람 모으는 일을 모객募客 또는 집객集客이라고 한다. 둘 다 사람을 모은다는 뜻이 있지만, 모객은 '뽑아내다'의 의미로 모으는 대상과 이유를 명확히 한다. 집객은 단순히 사람을 모은다는 의미로 통한다.

바쁜 현대인은 직접적인 이익이 없다면 모이는 일이 쉽지 않다. 모이는 일은 총회, 교육, 행사는 물론 애경사까지 포함되어 있다. 몇 년 전부터 결혼식을 포함한 애경사에 사람이 오지 않아 사람 동원, 섭외 동원을 전문적으로 하는 기업도 많다. 직접적이고 금전적 이익만 추구하는 1회성 창업이 아닌 관계 형성을 오랫동안 유지하는 회원커뮤니티 제로창업을 이야기하겠다.

얼마 전 집과 멀지 않는 카페에서 강의한 적이 있다. 카페는 유명브랜드도 아니고, 2~3층 구조로 규모가 큰 카페도 아니었다. 동네 가까이에서 볼 수 있는 카페였다. 카페에서 매주 하는 독서모임에 저자초청을 받았다. 강의시간은 토요일 이른 아침이었다. 모객은 강의하는 사람도 책임이 있다는 생각에 사람이 얼마나 올지 걱정이었다.

사람이 오지 않으면 강의하는 필자 입장이나 주최한 독서모임이나 난처할 수밖에 없다. 하지만 나의 걱정과 달리 카페가 꽉 찰 정도로 사람이 모여 있었다. 본격적인 강의 전 카페 대표가 미니강의를 하면서 모두가 집중하는 모습이 인상적이었다. 카페 대표는 카페창업 분야의 베스트셀러《나는 스타벅스보다 작은 카페가 좋다》,《작은 가게 성공매뉴얼》조성민 지음, 라온북 출간을 펴낸 조성민 대표다. 지식경영 바리스타 1호로 알려진 분이다. 조성민 대표는 독서의 힘을 누구보다 잘 알기에 독서모임을 오랫동안 이어갔다. 사람이 많든 적든 꾸준하게 모임을 이어나가며, 독서로 커뮤니티를 형성했다. 커뮤니티가 있기에 주말 이른 아침에도 많은 사람이 모일 수 있었다. 사람이 모인 곳에는 인맥이 형성되며, 홍보가 이루어지며, 사람들의 주목을 받을 수 있다. 회원모집 커뮤니티는 카페 경영에도 이어갔다. 카페창업 3년 만에 회원 2,000명, 매일 방문 고객 200명을 자랑하며 지역 명물 카페로 거듭났다. 조성민 대표의 모객과 집객 본질은 '사람'에 집중한다는 점이다. 조성민 대표에게 사람은 고객이다.

"매출은 숫자가 아닙니다. 매출을 구성하고 있는 수많은 요소의 핵심은 바로 '고객'이라고 할 수 있습니다. 더 디테일하게 들어가면 '고객과의 관계'라고 할 수 있죠. 어떤 사업이든 말이죠."

《작은 가게 성공매뉴얼》 프롤로그에 나온 말이다. 고객과의 관계를 중요시하면 단순 일회성 고객이 아니라 회원커뮤니티로 발전할 수 있다. 조성민 대표의 사업본질은 관계중요성이다.

회원커뮤니티를 이루는 건 사람이다. 사람에 대한 나름의 철학이 없다면 사람을 모아 이용하려는 수단으로 변질될 수 있다. 사람을 수단으로 보는 회원커뮤니티 제로창업의 끝은 대부분 비슷하다.

1. 잘 따르는 사람들만 모아 인너서클을 형성해 더 발전하지 않음
2. 내부사정이 밝은 회원이 분쟁이 일으켜 권리를 찾으려 함

'군주민수君舟民水'라는 말이 있다. 강물의 힘으로 배를 뜨게 하지만 배를 뒤집을 수도 있다는 뜻이다. 회원커뮤니티 창업이 딱 그 모양이다. 회원의 힘으로 배를 뜨게 해서 사업이 순항할 수 있지만, 사업을 망하게도 할 수 있다. 창업 이전에 창업자가 사람에 대한 철학이 부족하면 생길 수 있다. 모든 일이 그러하듯 사람 모이는 곳에 돈이 있고, 돈이 있는 곳은 말이 많은 법이다. 확고한 철학이 없다면 돈의 유혹과 사람들의 왈가왈부에 흔들린다. 회원커뮤니티 창업에서 회원의 발전, 만족 등을 충족

시키며 창업자의 이익도 챙겨야 한다. 그래서 쉽지 않은 제로창업이다. 하지만 쉽지 않기에 더 가치 있고 빛나는 법이다.

다양한 아이템정보교류, 교육, 직접판매, 단순게시 등으로 시작하는 회원커뮤니티 창업자 중 지속성장하는 곳은 사람철학과 사업방법에는 몇 가지 공통점이 있다.

첫 번째, 남을 돕는 데서 시작한다. 본인의 지식, 경험, 노하우, 기술을 무료 또는 싼 가격으로 돕는 데서 출발한다. 차츰 회원이 모이면서 체계적인 상품을 판매한다.

두 번째, 존중의 가치를 실천한다. 존중받는다는 생각을 싫어하는 사람은 없다. 작은 의견도 경청하고 적용한다. 아무리 많아도 커뮤니티에 반응댓글, 답장 등을 준다. 오프라인에도 겸손함으로 사람을 상대하고, 누구 하나 소원하지 않게 챙긴다.

세 번째, 공유와 판촉을 함께한다. 회원커뮤니티에는 창업자에게 이익이 있어야 한다. 하지만 이익만 따라간다는 느낌을 받으면 회원은 떠난다. 공유 속에 판촉을 함께 넣는 방법을 찾아 정보교류와 이익 발생을 추구한다.

네 번째, 이벤트를 지속해서 추진한다. 좋은 정보, 좋은 사람이 많아도 재미가 없다면 피곤하다. 이벤트를 열어 즐거움을 준다. 단 이벤트는 일회성이 아니라 지속해야 한다는 점이다.

사람이 모인 곳에 기회가 있다는 걸 누구나 알고 있다. 사람이 모인 곳을 들어갈 수 있지만, 사람 모이는 곳을 직접 만들 수도 있다. 직접 만든다면 내 생각과 철학으로 온전히 운영할 수 있다. 사람이 모여야 하는 명확한 목적과 사람에 대한 창업자의 철학을 만들어 회원커뮤니티 제로창업으로 큰 시너지를 낼 수 있다.

독창성과 커뮤니케이션 능력

제로창업은 지식, 경험, 노하우, 기술을 바탕으로 시작한다. 이 중 지식은 6가지로 나눌 수 있다. 보고 읽은 걸 끄집어내는 암기暗記력, 혼란한 정보에서 핵심을 가려내는 분석分析력, 원인과 결과 중 하나만 보고 인과관계를 판단하는 추리推理력, 오랜 경험으로 중간과정 없이 순간 판단하는 직관直觀력, 신과 동물의 능력을 동시에 가진 인간이 신의 영역에 가깝게 미래를 판단하는 접신接神능력, 결합, 제거, 응용으로 새로운 것을 만들어 내는 창의創意력이다.

이 중 어려운 지능인 동시에 많은 영향력을 행사하는 지능을 꼽자면 두말없이 창의력을 뽑고 싶다. 그리고 창의를 즐거운 유희가 아니라 상용화까지 끌어내는 능력은 아무나 가질 수 없는 지식이다.

창의력 관련한 많은 책과 강의에서 빠지지 않는 훈련법이 나만의 고유성을 넣는 훈련이다. 기존의 것에 내가 가진 지식, 경험, 노하우, 기술을 생각나무, 브레인스토밍, 로직연산 등으로 언어화시킨다. 기존의 것에 나의 것을 추가하는 걸 독창성이라 부른다. 똑같은 아이템이 넘쳐나는 회원커뮤니티 제로창업에서 독창성은 신선함과 유용성으로 많은 사람을 끌어당길 수 있다.

현대인 손에는 언제나 스마트폰이 있다. 터치 몇 번이면 필요한 정보를 쉽게 구할 수 있다. 정보가 넘치는 시대에 평범한 정보는 눈길도 주지 않는다. 다른 정보보다 흥미, 재미, 감동, 자극 등 무언가 다른 걸 제공해야 클릭을 한다. 넘치는 정보 속에서 살아남기 위해 창의성과 독창성이 필요한 시기다.

정보의 독창성은 새로운 콘텐츠를 만들어낸다. 사람을 모을 때 진정성만 가지고는 한계가 있다. 사람들은 끊임없이 새로운 콘텐츠를 요구하며, 새로운 콘텐츠에 자신의 시간과 비용을 투자한다. 그동안 회원커뮤니티 제로창업은 크게 성공한 콘텐츠를 따라 하기 바빴다. 이미 성공한 콘텐츠의 프로세스, 홍보문구, 스토리 등 구축해놓은 걸 따라 했다. 심지어 변화와 혁신을 논하는 회원커뮤니티 제로창업마저 따라 하기 현상을 볼 수 있었다. 후광을 활용한 제로창업은 후광이 사라지면 소멸한다. 나만의 다른 것을 만들어내야 사람을 모을 수 있다.

여행, 레저, 자기계발, 육아, 정보교류, 재테크 등 기존의 회원커뮤니티 제로창업을 부정하고 완전히 새로운 콘텐츠를 만들어야 한다는 건 아니다. 기존의 것에 창업자가 가진 독창성을 추가하는 일이다. "기억에 오랫동안 남기는 방법은 최고가 되거나 최초가 되는 일이다"라는 말이 있다. 독창성은 창업자의 고유성에서 나온다. 기존 회원커뮤니티에 나만의 고유성이 무엇인지 고민해야만 최초가 되어 선점 효과를 볼 수 있다.

회원커뮤니티 제로창업 아이템에서 '만남'은 오래된 전통 아이템이다. 그중 남녀맞선은 빼놓을 수 없는 아이템이다. 과거 인맥으로 이루어진 맞선사업은 전문기업의 탄생과 인터넷 등록매칭 서비스사업으로 진화되었다. 연결하는 서비스는 잘 갖춰진 상태로 성공요건은 얼마나 많은 회원을 모집하느냐에 따라 달렸다.

2011년 스마트폰 대중화와 SNS가 일상 된 시기에 개인 경험과 성공 가능성을 믿고 SNS로 남녀를 매칭하는 이음넷이 베타서비스를 시작했다. 이음넷은 맞선서비스 회원커뮤니티에 12시 전후 매칭 가능성이 있는 이성을 보내주는 서비스였다. 익명성이 보장된 SNS에 12시에 보내준다는 차별화의 결합으로 인기를 끌었다. 시간이 흐른 지금 유사 서비스는 증가했지만, 이음넷은 매칭서비스는 남녀 만남을 위한 문화기획 등 다양한 진화를 이루었다. 이음넷은 SNS와 12시 매칭이라는 창의성과 독창성으로 회원커뮤니티 제로창업의 성공기업이 된다. 기존 아이템에 이음넷만의 고유성이 추가되었다.

경험을 바탕으로 고유성을 확보한 회원커뮤니티 제로창업도 있다. 언어 재해석방법으로 심리변화 기법을 교육하는 회원커뮤니티 제로창업이다. 교육사업자 P 대표는 우리가 가진 언어사용습관의 힘을 경험으로 풀어냈다. P 대표가 사업을 하던 시절, 사업이 어려운 원인을 찾던 중 자신의 언어습관에 문제점을 찾고 고쳐나갔다. 사업이 차츰 풀려나가자 언어습관에 관한 교육을 시작했다. 본인의 경험으로 고유성을 풀어낸 모객형 강의창업이다. 강의는 무료 공개강의로 강의가 끝나고 주간 단위 강의를 홍보하며 수익을 창출하고 있었다.

언어습관은 인간관계 기법 정도로 생각할 수 있지만, P 대표는 개인 경험을 기반으로 사업까지 살려냈던 경험으로 창업했다. 그 경험은 누구도 아닌 창업자의 고유함이다. 독창성을 기르는 이론은 강의와 책에 많이 있다. 회원커뮤니티 제로창업을 할 때 앞에도 이야기했던 사람을 위한 마음에 독창성을 추가하는 일이다.

회원커뮤니티 제로창업은 창업자 중심으로 커뮤니티를 이끌고 나간다. 그래서 커뮤니케이션 능력이 탁월해야 한다. 커뮤니케이션 능력은 달변에 한정된 건 아니다. 말이 넘치는 시대에 달변은 독이 될 수 있다. 달변보다 진지한 경청과 맞장구가 회원커뮤니티 형성에 도움이 된다. 그리고 창업자는 회원들의 커뮤니케이션을 위해 보조자에 머물러야지 주인공이 되려 하면 회원들은 뒤도 보지 않고 떠난다.

회원커뮤니티는 온라인, 오프라인에서 다 이루어진다. 과거에는 온라인은 알림이나 공지 수준의 역할이었다면, 지금 오프라인과 비등한 효과를 내고 있다. 몇 년 전부터 오프라인 커뮤니티 없이 오직 온라인만으로 회원을 모집하고, 소통하며, 소비시키는 제로창업이 늘어났다. 온라인 커뮤니케이션 능력이 갈수록 늘어나고 있다.

온라인 커뮤니케이션의 가장 큰 장점은 파급력이다. 반대로 파급력이 가장 큰 위험이 될 수 있다. 양날의 검과 같은 존재다. 하지만 오프라인에서 VIP만 상대하는 회원커뮤니티 제로창업을 하지 않는 이상 온라인 커뮤니케이션은 필수 중 필수이다.

온라인 커뮤니케이션은 오프라인 커뮤니케이션보다 영속성이 있다. 적어도 삭제하지 않는 이상 사라지지 않는다. 그리고 말보다 글과 그림으로 이루어지기 때문에 시각적인 효과에 집중할 수밖에 없다.

다음은 회원커뮤니티 제로창업에서 아이템을 불문하고 성공한 온라인 커뮤니케이션에서 볼 수 있는 네 가지 공통점이다.

1. 짧은 호흡의 글을 쓴다.
2. 링크를 걸어 새로운 정보를 추가한다.
3. 시각화, 도표화로 가독성을 높인다.
4. 재미요소를 놓치지 않는다.

회원 커뮤니티는 사람을 모으는 일이다. 모여야 하는 이유가 독창적이어야 하고 커뮤니케이션 능력이 어느 창업보다 중요하다. 두 능력을 겸비한다면 어떤 제로창업을 하든 당신의 팬이 되어 당신을 도와준다.

모객과 집객은 내재한 심리를 활용한다

행사를 앞두고 서울 한복판에 긴 줄이 생겼다. 행사는 모 사이트에 오프라인 회원가입을 하면 만 원씩 주겠다는 행사였다. 흥행에 성공했는지 3시간을 기다려서 회원가입 후 만 원을 받아가는 사람도 생겼다. 최저 시급으로 따지면 3시간에 만원이면 손해다. 하지만 기다리는 사람, 구경하는 사람이 많아 언론에서도 소식을 전했다. 만 원을 주는 행사로 사이트주소와 회사이름을 전국에 알리는 계기가 되었다.

최저시급도 미치지 못하지만, 사람들은 모였고, 기다렸으며 가입했다. 사이트 가입이 유용할 수 있겠지만, 만 원이라는 직접적인 이익으로 사람들은 시간을 투자했다. 필자 집 근처에 규모가 큰 평생교육원이 있다. 모집기간에 가장 빨리 마감되는 교육이 무엇일까? 정답은 쉽게 알 수 있다. 바로 수익형 부동산투자와 실전반 주식강의다. 그다음은 취업에 써먹는 자격증 과목이다. 인문교양이 우리 삶을 풍족하게 해준다지만, 사람을 모으는 데는 눈앞에 생기는 이익만큼 좋은 것이 없다.

사람을 모으는 가장 확실하고, 가장 효과인 방법은 직접적인 이익을 주면 된다. 사람을 모으는데 작지만 확실하고 눈에 보이는 이익이 있다면 극대화해서 홍보하면 된다. 하지만 제로창업자가 줄을 세워서 나를 찾는 모든 사람에게 만 원씩을 줄 수 없는 노릇이다. 제로창업자는 다른 방법으로 사람을 모아야 한다. 바로 사람이 가진 심리를 활용하는 방법이다.

우리는 이성적이라 착각하는 뇌를 가지고 있다. 그리고 뇌가 시키는 대로 움직인다. 이성적이지 않다는 사실이 심리를 활용한 모객과 집객의 시작이다. 한 때 인기 있는 1,500원짜리 과자를 사 먹기 위해 인기 없는 과자 2만 원을 사야 하는 진풍경을 볼 수 있었다. 과자는 SNS를 타고 '남도 하고 있으니 나도 해야 한다'는 열풍이 불었다. 이런 현상을 '밴드 왜건효과Band Wagon effect'라 부른다. 사람들은 골치 아픈 걸 좋아하지 않는다. 편안하게 남들 따라 선택한다. 그래서 모객, 집객에서 중요한 요소는 따라 할 수 있는 '시범 효과'를 보여주는 일이다.

내가 가진 모객, 집객 제로창업 아이템을 경험해본 누군가가 확실한 효과를 봤다는 걸 아주 단순하고도 명쾌하게 보여주면 된다. 혹사는 시범 효과에서 과학적 증명을 설명하며 복잡하게 전개한다. 뇌를 피곤하게 하는 일이다. 시범 효과는 뇌를 절대로 피로하게 하면 안 된다. 단순한 용어, 단순한 사례를 보여야 한다.

시범 효과는 모객, 집객의 타깃층과 비슷한 경험과 위치에 있어야 효과를 발휘한다. 예를 들어 자신도 배움을 갈망했던 시절, 제대로 된 인맥모임을 찾기 위해 돈을 투자했던 이야기, 아픈 걸 고치기 위해 전국을 돌아다닌 이야기 등 눈높이에 맞춰 시범 효과를 보여줘야 한다. 일부 시범 효과에서 돈을 주고 거짓 시범을 보이면서 물의를 일으킨다. 고객은 눈치가 빠르다. 반드시 효과를 본 사람이 시범 효과를 해야 한다. 그리고 시범 효과 후 열람 여부를 떠나 SNS 등 네트워크를 활용해 알려야 한다. 원천차단하지 않는 이상 시일이 걸릴 뿐 관심을 보인다.

시범 효과의 주의사항은 특정 개인이나 사례를 알리는 형태로 사생활침해 및 소小영웅주의에 빠질 수 있으며 종교적 색깔로 오해를 살 수 있다는 점이다. 시범 효과를 보이는 사람이나 사례를 신중히 선택하고 사전에 허락을 받아야 한다.

사람을 모으는데 이익 못지않게 매력적인 요소가 있다. 바로 소속감이다. 이익으로 사람을 모았다면, 그 이익을 주지 않으면 돌아보지 않고떠날 수 있다. 하지만 소속감은 이익이 없어도 지속해서 사람을 유지할수 있다. 소속감을 일으키는 건 모객, 집객 아이템의 분명한 아이덴티티(identity)다. 모여야 하는 확실한 이유가 있어야 한다. '사랑과 행복'을 위한 곳은 사람이 모이지 않는다. 아이덴티티를 바탕으로 소속감을 불러일으켜야 한다. 또한, 소속감 안에서도 강한 소속감을 느낀 사람은 차이를 둔다. 일정직책이나 회비면제 같은 혜택을 두는 방법이다. 아이덴티티는 왜 모여야 하는지를 분명히 하는 일이라는 걸 기억해라.

사람을 모을 때는 자발적 소개가 가장 이상적이다. 사람이 사람을 소개하기 위해서는 기존 모객, 집객과 다른 매력이 필요하다. 이 차별점이 없다면 소개할 이유가 없다. 좋다면 왜 좋은지를 설명하도록 해줘야 한다. 이 역시 쉽고 단순한 언어를 사용하게끔 해야 한다. 사람을 소개받을 때 소개해주는 입장을 놓치면 안 된다. 소개해주는 입장 역시 부담이다. 감사함을 보내고 세심한 배려가 필요하다.

콘텐츠를 만들어내야 하는 필자 직업 특성상 시간이 허락하는 한 외부강의를 듣는다. 어느 강의는 모객, 집객이 무례함을 느낄 때가 있다. 강의 전 명함이나 방명록에 성함과 전화번호를 기록한다. 강의가 끝나고 청강을 고마워하는 문자와 함께 후속강의 광고내용 문자가 올 때가 있다. 후속강의에도 관심이 간다. 하지만 무례한 경우도 보게 된다. 카카오톡 단체채팅방을 계속 만들어 초대하거나, 밴드 가입을 종용하는 경우, 여러 차례 전화하는 경우를 볼 수 있다. 자발성보다 반발심이 일어난다.

모객, 집객은 '스스로 선택했음'이 강력한 설득이 된다. 상제성을 보이면 끌림이 있는 게 아니라 저항이 생긴다. 100명이 있다면 100명 모두 당신의 모객, 집객 아이템을 좋아하거나 따라가지 않는다. 확실한 필요성을 느낀 소수가 모든 모객, 집객 제로창업의 시작이며 강력한 시너지를 내는 존재다.

앞에도 이야기했듯 현대인은 바쁘다. 이익도 어중간하다면 모이지 않는다. 강력한 이익을 주지 못한다면 사람의 마음을 공략하여 모객, 집객을 하면 어떨까? 지속성과 도덕성 그리고 심리의 활용은 사람을 끌어당기는 시너지를 낼 것이다.

회원커뮤니티 제로창업 아이템

회원커뮤니티 제로창업은 아이템이 다양하다. 수입창출도 직접창출, 간접창출 등 특정할 수 없을 만큼 여러 유형으로 있다. 다양한 유형 속에서 현재 대표하는 회원커뮤니티 제로창업 아이템을 소개하겠다.

카페를 활용한 회원커뮤니티 제로창업

SNS에 포함되지만, 카페는 회원 커뮤니티 제로창업에 상당 부분을 차지하고 있다. 카페는 단순 커뮤니티를 넘어 상품, 지식서비스 등 창업과 판매목적으로 활용되고 있다. 회원을 모집해 공동구매를 진행해 수익을 창출하고, 기업, 단체 등 제휴를 맺어 수익을 창출한다.

카페를 활용한 제로창업에서 수익 창출은 상품판매, 홍보 및 광고대행, 행사대행 및 제휴, 콘텐츠 제작 및 판매, 유료게시판, 교육과 강의, 기업프로모션 등 다양한 방법이 있다. 유료콘텐츠의 경우 이니P2P(hwww.inip2p.com)를 활용해서 결제를 만들 수 있다.

카페는 회원 수와 게시판 등록 수가 절대적이다. 단기간 뜨는 아이템으로는 한계가 있다. 장거리를 보고 시작할 것을 조언한다. 또한, 수익모델이 워낙 다양하니 핵심 수익모델을 미리 선정할 필요가 있다.

SNS를 활용한 회원커뮤니티 제로창업

이 창업은 네이버 밴드 등 다양한 커뮤니티의 등장과 스마트폰으로 이동된 상태다. 페이스북, 카카오스토리 등 커뮤니티를 이룬다. 특정 분야에 정보나 흐름을 알기 위해 모인 사람이 많다. 주로 제휴를 통해 수익이 창출되며 제휴 정보는 링크프라이스(http://www.linkprice.com) 등을 활용하면 된다. 많은 커미션을 받기 위해 과도한 홍보나 거짓유포 등 문제가 일어난다. 사람이 전부인 회원커뮤니티라는 사실을 잊지 말아야 한다.

SNS로 사람을 모으는 기술과 방법은 많이 오픈되었다. 오프라인과 연계하는 방법과 익명성을 활용해 악의적인 비방이나 선동 등 부정적 요소에 대한 관리가 중요해지고 있다. 앞에도 이야기했듯 SNS 회원커뮤니티 제로창업은 시간과 비용을 투자해서 전문가 교육을 받아야 한다.

단체 설립 및 민간자격증, 지식서비스 회원커뮤니티 제로창업

단체나 협회 등을 설립해 회원을 상대로 자격증 발급 및 지식서비스를 제공하는 창업이다. 과거 단체 설립의 개념에서는 사무실과 관리직원이 따로 필요했다. 지금은 모임 공간을 대여하는 곳도 많으며, SNS를 활용한 공지처리 등이 편해지면서 1인 창업이 가능한 아이템이다. 협회설립 절차는 일정요건을 갖추고, 정관 등 문서제작은 전문가 도움을 받을 수 있다. 자격증 등록은 민간자격 정보서비스(www.pqi.or.kr)를 이용하면 가능하다. 최근 강연 문화 발전으로 회원을 상대로 공개강의로수익을 창출한다.

지식서비스 회원커뮤니티의 어려운 점은 콘텐츠와 후속관리의 부족이다. 민간자격증과 이수증을 남용하는 지식서비스 회원커뮤니티가 되지 않도록 주의해야 한다. 단체, 협회 설립과 자격증 등록도 중요하지만, 콘텐츠의 내실화를 철저히 해야 한다.

헤드헌터 회원커뮤니티 제로창업

개인에게는 경력 개발기회를 제공하고 기업에는 적합한 인재를 공급하는 일이다. 헤드헌터는 인맥을 통해 사람을 구하기 때문에 네트워크비즈니스가 강하다. 질 좋은 인재를 회원으로 두는 게 핵심이며 글로벌트렌드 파악도 중요하다. 헤드헌터는 진입 장벽이 낮아 난립이 심하다. 회원모집에 특정 분야를 선택해서 전문성을 갖출 필요가 있다. 또한, 헤드헌터 서비스 특성상 회원 간의 교류보다 개인과 회사의 연결이 중요하다.

여행·관광 회원커뮤니티 제로창업

저렴하고 좋은 여행, 관광 상품이 있어도 사람을 모으지 못하면 소용 없다. 여행사는 소개비를 줘서라도 사람을 유치해야 한다. 여행사 직원이 아니더라도 1인 기업형태로 사람을 모아주는 일로 창업한다. 이런 시스템은 오래전부터 엑스피디아(www.expedia.co.kr), 인터파크 투어(tour.interpark.com) 등에서 진행하고 있다. 회원모집은 물론 직접 관광상품을 개발할 수 있고, 다양한 실무적인 능력도 중요하다. 일정 이상 충성고객이 있다면 충성고객이 고객을 소개하는 경우가 많다. 여행상품 특성에 따라 SNS 커뮤니티 형성 여부를 판단하면 된다.

인터넷이 일상화된 세상에서 인터넷을 뛰어넘는 세세한 정보를 제공할 수 있는 능력과 진정성 있는 모습으로 소개와 후기작성 등 고객평가를 받으면 된다. 그리고 창업자의 나이와 경력을 고려해서 특화된 여행상품을 만들면 경쟁력과 차별화를 만들 수 있다.

직업교육과 직업정보 창업

직장인 또는 은퇴자, 예비창업자 등 정부에서 지원하는 직업교육과 직업정보를 제공하는 창업이다. 국비교육, 민간교육에 대한 정보를 제공함으로 홍보 및 광고, 교육수입, 교재개발 및 판매로 수입을 올린다. 내일 배움카드, 재직자 국비과정 등 정부의 다양한 직업교육이 있지만, 관심이 없다면 정보를 얻기 힘들다. 반대로 교육기관은 수강생을 모집하지 못하면 수익을 올리지 못한다. 직업교육과 직업정보가 필요한 사람을 모아 정보를 제공하는 방법이다. 회원들에게 문자나 SNS로 최신 직업교육을 홍보하고 관련 정보를 제공한다. 직업교육과 직업정보 창업은 창업자가 교육기관에 직접 강의를 하거나 교재개발에 참여하는 등 또 다른 방법으로 수익을 올릴 수 있다.

공동투자자 모집 및 관련 교육 창업

재테크에 관심 없는 사람은 없다. 대부분 정보 부족과 비용 부족으로 엄두를 못 내는 사람이 많을 뿐이다. 공동투자 방식으로 진행한다면 적은 돈을 가지고도 효율적으로 투자할 수 있다. 하지만 이 역시 사람을 모으지 못하면 진행할 수 없다. 공동투자자 모집 회원커뮤니티가 사회적 물의를 일으키는 일이 많다. 큰돈이 움직이니 문제가 발생하는 것은 당연하다. 하지만 공동투자자 모집 회원커뮤니티는 15세기 유럽의 대항해 시대를 시작으로 21세기가 된 지금까지 지속하였다. 상호간 신뢰를 쌓는 것은 물론 법률적으로 문제가 발생하지 않도록 철저한 준비가 필요하다.

사람이 모이는 곳은 기회와 위험이 함께 공존한다. 앞에도 이야기했듯 '사람'과 '진정성'을 바탕으로 회원커뮤니티 제로창업을 시작한다면 시간은 걸려도 일정이상 사람이 모이면 큰 시너지를 낼 수 있을 것이다.

제 2 장

콘텐츠라는 영원하고 거대한 창업아이템

ㅡ 콘 텐 츠 크 리 에 이 티 브

콘텐츠와
스마트폰만 있다면
문화로 창업한다

"나는 우리나라가 세계에서 가장 아름다운 나라가 되기를 원한다. 가장 부강한 나라가 되기를 원하는 것은 아니다. 우리의 부력(富力)은 우리의 생활을 풍족히 할 만하고, 우리의 강력(强力)은 남의 침략을 막을 만하면 족하다. 오직 한없이 가지고 싶은 것은 높은 문화의 힘이다. 문화의 힘은 우리 자신을 행복하게 하고, 나아가 남에게 행복을 주기 때문이다."

60여 년 전 독립운동가이자 민족지도자 백범 김구 선생의 《나의 소원》 중 일부다. 행복은 부력도 강력도 아닌 높은 문화의 힘이라 김구 선생은 말한다. 부국강병의 나라도 문화가 없다면 야만의 나라에 불과하다. 야만의 나라는 문화를 가진 나라의 지배를 받는 역사를 반복하고 있다. 2016년 대한민국을 뒤흔든 국정농단사건 중 정권에 반대한 문화계 인물을 뽑아 '블랙리스트'를 만들고 지원을 끊어버렸다는 의혹이 불거졌다. 문화융성과 국민행복시대를 열겠다는 정권이 문화계 탄압을 블랙리스트로 구체화한 일이다. 더 밝혀져야겠지만, 문화의 힘을 무시한 정권의 말로末路는 비참하기만 하다.

제로창업에서 문화의 힘을 이야기하는 건 '콘텐츠'의 정의와 개념에서 문화적 소재가 모든 것을 차지하기 때문이다. 문화가 발전하지 않으면 콘텐츠의 발전은 없다. 콘텐츠크리에이티브 제로창업은 문화발전 속에서 성장하는 제로창업이며, 콘텐츠크리에이티브 제로창업자는 문화발전이라는 사명과 철학이 필요한 시점이기도 하다.

콘텐츠의 정의를 찾아보면 "문화적 소재가 구체적으로 가동되어 매개체화한 무형의 결과물이다"라 나와 있다. 사전적 정의는 이렇지만, 콘텐츠 정의는 콘텐츠관련 종사자 수만큼 존재한다. 명확히 정의하기 힘들다는 말이다. 하지만 콘텐츠는 문화 소재를 가지고 무언가 재생산한다는 공통점이 있다. 재생산과정에서 미디어를 통해 구체화한다. 이 미디어 중 영상과 음성 그리고 관련 플랫폼을 중심으로 창업하는 걸 콘텐츠크리에이티브 제로창업이라 한다. 콘텐츠크리에이티브 제로창업은 다양한 분야가 있다. 여기서는 영상, 음성, 플랫폼 창업을 중심으로 이야기하겠다.

매년 〈타임〉지는 세계의 영향력 있는 인물을 선정해 발표한다. 2016년 〈타임〉지는 영향력이 있는 인물로 당신You을 뽑았다. 과거 미디어 산업은 소수만 가능했던 산업이다. 소수만 가능했기에 여론전을 펼칠 수 있으며, 권력과 결탁했다. 하지만 개인홈페이지 등장과 블로그 등 텍스트 1인 미디어를 시작으로 유튜브, 아프리카TV 등 영상 1인 미디어 발전으로 개인도 미디어를 갖기 시작했다. 과거 미디어가 주는 걸 그대로 받기보다 나만의 미디어를 만들어 전파하고 있다. 이젠 개인이 가진 미디어가 수억 명에게 영향력을 행사할 수 있다. 영향력은 곧 자본이다.

한국방송통신위원회가 2015년 방송매체 이용행태를 조사했다. 2014년에는 응답자 중 필수매체로 TV는 44.3%, 스마트폰은 43.9%로 답했으나, 2015년 통계에서는 TV가 44.1%, 스마트폰은 46.6%가 되며 기존 미디어 TV보다 스마트폰이 필수 매체가 되었다.

스마트폰은 자신의 원하는 콘텐츠를 언제, 어디서든 볼 수 있다. 스마트폰과 연결해 콘텐츠를 만드는 사람도 언제, 어디서든 남에게 영향력을 행사할 수 있게 되었다. 영향력을 만드는 데 전문적인 기기를 사용할 수도 있지만, 스마트폰 하나로도 충분히 만들어낼 수 있다. 제로에 가까운 비용으로 만든 콘텐츠로 영향력과 자본이 되고 있다.

출근길에 일주일의 3~4일을 반복해서 시청하는 유튜브 채널이 있다. 책을 소개하는 채널로 화려한 영상과 제작자의 멋진 목소리 그리고 5~10분 안에 끝나는 책 소개다. 이 책을 읽어야 하는 동기부여와 책 내용, 교훈을 실생활에 적용하는 방법까지 깔끔하게 정리되었다. 영상 마무리에는 '좋아요'와 '구독'을 눌러달라고 한다. 구독은 물론 '좋아요'도 눌러준다. 때에 따라 광고영상도 클릭할 때가 있다. 책 소개 시리즈채널은 8만 명의 구독자가 있다. 조회 수는 책마다 천차만별이지만, 평균 12만 회 이상 조회한다.

유튜브는 1회 조회를 1원통상적 계산법으로 계산할 경우 조회수 12만 회를 기준으로 한다면 12만 원의 수익이다. 정말 단순 계산이며 실질적인 수익을 계산하자면 그 외 광고조회수익을 포함할 수도 있다. 익명을 조건으로 어렵게 제작자와 전화통화 했다. 제작자는 목소리가 없는 다른 콘텐츠 영상제작과 광고수익 그리고 출판사의 홍보의뢰로 수익을 올린다고 한다. 콘텐츠가 쌓이면 수익이 늘어나니 부지런히 제작할 거라 말했다. 이처럼 유튜브 안에서 수익을 만들어내는 사람을 우리는 '유튜버'라고 부른다.

2007년 유튜브는 인기제작자에게 광고수익을 분배하겠다고 선언하며 영상 1인 미디어 환경을 완전히 바꾸어놓았다. 우리는 책 소개 영상 제작자처럼 유튜브로 수익을 올리는 콘텐츠크리에이티브를 쉽게 볼 수 있다.

콘텐츠크리에이티브에 빠질 수 없는 국내 플랫폼은 아프리카TV며 그 안의 BJ를 빼놓을 수 없다. 아프리카TV는 나우누리를 만든 나우콤의 전신으로 2005년 베타서비스를 시작하며, 언제, 어디서, 누구나 방송을 한다는 모토로 서비스를 한다. '별풍선'이라는 새로운 개념의 수익으로 콘텐츠크리에이티브에 최적화된 수익구조를 만들어 홍행을 이끌었다. 대한민국에 유명한 BJ는 아프리카TV에서 탄생했다. BJ는 'Broadcasting Jockey'로 방송진행자란 뜻이다. 방송을 진행하면 실시간으로 시청자가 미리 구매한 별풍선을 BJ에게 선물한다. 일종의 후원이다. 아프리카TV는 일정 비율로 BJ와 수익을 나눈다. 억대연봉을 자랑하는 BJ도 쉽게 볼 수 있으며, 다양한 영상 콘텐츠로 사랑을 받고 있다. 하지만 수익과 직결된 별풍선을 많이 받기 위해 일부 BJ들은 욕설과 선정성은 물론 자극적인 행동과 말로 사회적 물의를 일으키고 있다. 더 큰 문제는 방송할 수 있는 나이에 제한이 없어 청소년, 심지어 어린이들까지 일탈된 방송을 하고 있다. 아프키라TV는 물론 BJ도 자성의 노력이 필요한 시점이다.

발전 가능성과 비판이 공존하는 BJ로 제로창업이 가능하다. 아프리카TV 성공 이후 유사 매체가 늘어나면서 방송할 수 있는 플랫폼은 증가했고, 사람들은 더욱 신선한 방송과 새로운 정보를 주는 채널을 갈망하고 있다.

콘텐츠를 만드는 일은 개인이 할 수 있지만, 전문적인 기업으로도 제로창업 할 수 있다. 최근 여러 곳에서 볼 수 있는 MCNMulti Channel Network기업이다. MCN기업은 콘텐츠 제작들을 위한 제반 사항을 지원하며 수익을 창출한다. 콘텐츠크리에이터를 지원해주며 일정비율로 수익을 나눈다. 콘텐츠크리에이터들에게 필요한 콘텐츠 개발, 제작, 결제 대행, 행정, 사무, 세금, 저작권 관리 등을 해준다. 대표적인 MCN사업자는 'CJ E&M'이다. 대기업 MCN 사업장이지만 MCN사업은 진입 장벽이 없으며, 수익창출 개념에서 제로창업자나 대기업 사업장이나 똑같은 구조다. 능력 있는 유튜버, BJ를 발굴하고 육성하며, 제휴를 맺는 방식으로 다양한 콘텐츠 사업을 한다.

콘텐츠크리에이터 중 하나인 유튜버, BJ, MCN를 중심으로 제로창업을 이야기하겠다. 콘텐츠크리에이터 제로창업은 성장과 그에 따른 우려가 공존한다. 이슈를 받는다는 건 발전 가능성이 있다는 뜻이다.

자신의 콘텐츠와 스마트폰만 있으면 창업이 가능한 게 콘텐츠크리에이터다. 쉽게 시작할 수 있다. 하지만 성공은 쉽지 않다. 힘들 때, 자신이 무엇을 하는지 정확히 알고 있다면 다시 시작할 힘이 생긴다. 콘텐츠크리에이터와 관련 플랫폼 사업자는 대중문화를 주도적으로 만들고 있다는 자부심과 사명감이 필요하다.

콘텐츠크리에이티브, 어느 곳에서 무엇을 할 것인가

2016년 4월, SNS의 대명사로 불리는 페이스북에서 라이브 방송을 시작했다. 기존 영상 플랫폼의 장점인 양방향서비스와 페이스북의 장점인 친구 연동으로 큰 파급력을 지녔다. 하루에도 몇 십 개씩 페이스북 친구가 라이브방송을 시작했다는 메시지를 볼 수 있었다. 소소한 일상부터 여행, 맛집 방문 등이 있고 특정제품 홍보, 시의성 콘텐츠 등 다양한 방송을 한다. 페이스북 라이브는 수익구조는 없지만, 영향력과 파급력을 생각하면 수익구조 모델이 탄생할 거라는 견해가 많다.

이전의 페이스북은 이미지와 텍스트 미디어로 이루어져 있었다. 동영상이 존재했지만, 링크를 통해 연동되는 것이 전부였다. 하지만 페이스북 라이브는 영상으로 미디어 환경이 변화되었음을 알렸다. 국내 대표

포털사이트 네이버는 2016년에 파워블로거를 폐지했다. 이미지와 텍스트 미디어인 블로그의 영향력은 줄어들고 있으며, 거짓 홍보, 후원 홍보 등 여러 가지 문제를 낳아 폐지했다. 갈수록 영상 미디어의 힘이 실리는 추세라 할 수 있다.

콘텐츠크리에이티브 제로창업자를 한다면 어느 곳에서 어떤 콘텐츠를 만들까 고민해야 한다. 모든 영역에서 활동하면 좋겠지만, 플랫폼마다 원하는 콘텐츠는 차이가 있다. 다음은 수익창출로 이어지는 영상콘텐츠 종류를 소개하겠다.

유튜버

• **제작업로더** 여러 가지 영상을 제작, 편집해서 올린다. 일반적인 유튜버로 볼 수 있다. 콘텐츠는 무궁무진하며 인기를 끌고 있는 제작업로더는 많은 구독자를 보유하고 있다. 영상만 올리면 구독자에게 홍보 메시지가 자동으로 전송된다.

• **리액션캠** 특정주제를 선정해서 시청자들의 반응에 따라 활동한다. 때에 따라 난처한 행동을 요구하는 등 문제가 있지만, 재미있는 주제로 시청자들과 공감하는 방송을 한다. 외국인의 한국 음식 먹기, 수능문제 풀이 등 다양한 방향으로 진화 중이다.

• **Vlog** 비디오Video와 블로그Blog의 합성어다. 개인의 생각이나 일상생활, 여행 등을 담아낸다. 최근에는 정치적 발언 등으로 영역을 확장 중이다.

• **Play** 제작업로더처럼 영상을 편집하거나 제작하지 않고 라이브로 끝까지 보여준다. 대표적인 콘텐츠가 게임이다. 게임을 실시간으로 보여준다.

• **Montage** 익스트림 스포츠, 공연장 연결 등 화려한 영상으로 구독자를 이끌어낸다. 최근 360도 카메라 등의 발전으로 영상에 현장감을 증대시킨다.

• **페이스캠** 주로 게임콘텐츠로 이루어진다. Play와 다르게 화면 한쪽에 얼굴을 보이며 현재 표정과 감정으로 공감을 준다. 시청자들과 영화를 함께 보면서 표정과 감정, 느낌에 공감을 보낸다. 공포게임을 한다면 괴물이 나올 때 놀라는 표정 등을 보이며 시청자들의 호응을 얻는다.

BJ(방송진행자)

• **남캠/여캠** 남자, 여자가 하는 캠 방송으로 가장 일반적인 방송이다. 자기 생각을 말하거나, 시청자의 질문에 답변한다. 음악신청을 받거나, 직접 노래를 부르는 등 시청자와의 호흡을 중요시한다.

• **겜방** 게임을 하는 방송으로 시청자들이 원하는 게임을 하거나, 어려운 미션에 도전하며 인기를 끈다. 미션을 진행하며 노하우를 공개하는 등 겜방은 BJ에서 가장 큰 인기를 끌고 있다. 시대를 풍미했던 게임, 스타크래프트 프로게이머들이 MCN기업 도움으로 겜방에 흥행을 주도하고 있다.

• **먹방** 먹는 방송으로 오래전부터 인기를 끈 방송콘텐츠다. 먹는 모습

을 보여주거나 요리방법, 요리평가 등이 있다.

• **솔루션** 유료콘텐츠 개념으로 금액을 지급한 시청자에게만 제공한다. 예를 들어 사주 풀이, 주식상담이 있다. 익명성이 주는 편안함이 있고 실시간으로 답변을 받을 수 있다는 장점이 있다.

• **중계방송** TV에서 보기 어려운 스포츠 중계를 해주거나, 편애 스포츠 중계 등이 있다.

유튜버와 BJ는 영상 미디어다. 영상 미디어는 빠른 확산력과 시청각을 통한 이해증진 등의 장점이 있다. 음성 미디어보다 높은 제작비용, 장시간 시청의 한계 등의 단점도 있다. 영상 미디어와 함께 제로창업이 가능한 미디어가 음성 미디어다. 콘텐츠크리에이티브에서 음성 미디어는 '팟캐스트'로 많이 사용한다.

팟캐스트는 음성으로 콘텐츠를 전달한다. 간편한 제작과 낮은 제작비용, 장시간 노출이 가능하다는 장점이 있다. 반면 플랫폼 수가 적고 시청각보다 전달력이 떨어진다는 단점도 있다. 팟캐스트는 영상 미디어보다 시장이 많지 않지만, '보이는 라디오' 등 영상과 음성을 동시에 하는 서비스가 활성화되면서 팟캐스트 역시 영상의 장점을 취하고 있다.

팟캐스트 확산에 결정적인 역할을 한 건 '나꼼수' 프로그램이었다. 기존 미디어가 다루지 못한 시사내용을 과감히 다루며 인기를 끌었다. 나꼼수는 음성, 영상, 저서, 강의로 끌어오면서 확산에 도움이 되었다. 150만 부 판매를 올린 책《지적인 대화를 위한 얕고 방대한 지식》의 채사장

저자도 팟캐스트 인기를 바탕으로 출간하면서 공전에 히트를 했다. 이처럼 하나의 콘텐츠로 다양한 상품을 쏟아내는 일을 OSMUOne Source Multi Use이라 부른다.

팟캐스트는 영상보다 더 많은 콘텐츠를 다루기 때문에 특성별 구분이 쉽지 않다. 그래서 '시의성 기획'과 '지속성 기획'으로 나눌 수 있다. 시의성 기획은 동시대에 많은 사람이 필요한 녹음을 한다. 시사, 정치를 주로 다룬다. 지속성 기획은 특정주제로 분량을 정해 방송한다. 역사시리즈, 책 소개, 동네 BJ 등 다양하다.

최근 스타트업 중 MCN 스타트업을 많이 볼 수 있다. MCN으로 스타트업을 한다면 하나의 확실한 컨셉트가 있어야 한다. 국내는 물론 아시아 최대 뷰티 패션 MCN사업자 '레페리로'의 성공은 한 분야만 집중공략했기 때문이다. 집중공략방법으로 최대 영상 미디어 시장 중국을 겨냥한 MCN, 10대 시청자 전문MCN 스타트업 등을 볼 수 있다. MCN시장이 넓다지만, 자기 색깔을 보이지 않으면 어중이떠중이 MCN사업자가 될 수 있다. 콘텐츠사업은 창업해서 시장에 알리기까지 상당한 시간이 필요하다. 유장한 마음으로 정확한 콘셉으로 시작해야 한다.

유튜버, BJ, 팟캐스트, MCN 등 모두 공통된 3가지 조건을 충족해야 시장에 인정을 받는다.

첫 번째는 전문성이다. 콘텐츠가 넘치는 세상에서 전문성이 시청자를 사로잡는다. 먹는 방송에도 철저한 자기관리, 연출력, 맛깔 나는 메시지 등 전문성이 필요하다. 먹방으로 유명한 'BJ 밴쯔'의 경우 하루에 유산소운동 8시간, 웨이트운동 2시간을 한다. 이런 자기관리가 있기에 장기간 방송이 가능하다.

두 번째는 오락성이다. 콘텐츠크리에이터는 오락요소를 빼놓을 수 없다. 오락은 웃는 범주에 머무는 게 아니라, 감동, 호기심 등 다양한 요소가 있다. 극적인 스토리전개, 눈을 사로잡는 영상, 시원하게 긁어주는 입담 등 오락성이 있어야 한다.

세 번째는 공감성이다. 아이의 노는 모습을 리얼하게 담아 유튜브에 인기를 끌고 있는 방송, 같은 시간에 일어나 공부하는 모습을 그대로 담은 BJ, 특별한 것도 없는 대화를 여과 없이 하는 방송 등 우리네 일상에서 겪는 일을 담아 공감을 끌어온다. 최근 문제가 되고 있는 자극적인 요소는 잠깐의 인기를 끌 뿐이다. 오래 가는 콘텐츠는 공감성이 있다.

콘텐츠크리에이티브는 원고를 쓰는 지금 이 순간에도 트렌드가 바뀌고 있다. 그만큼 빠르게 변하고 있다. 하지만 플랫폼 위에 전문성, 오락성, 공감성을 바탕으로 하는 콘텐츠를 만드는 본질은 변하지 않는다. 수많은 콘텐츠와 플랫폼 중 자신에게 맞는 걸 찾아 시작하면 된다.

수익 시스템은 완비,
수익모델을
찾을 때

BJ의 최고선임 격인 '김이브'. 세이클럽 음악방송부터 시작해 최장수 BJ로 알려졌다. 1인 토크 형식으로 방송하며 시청자들의 고민이나 일상적인 이야기를 한다. 연예인 못지않은 외모와 편안한 진행으로 남성 팬은 물론 여성 팬도 다수 있다. 김이브의 인기에는 거침없는 말과 때로는 욕설도 하는 솔직함이 있다. 성드립과 욕이 난무해도 재치 있게 받아치는 강한 정신을 소유하고 있다. 이런 매력 때문에 유튜브 채널구독자 90만 명이 넘는다. 김이브의 수입에 대해 분분하지만 여러 매체에서 연봉을 5억~7억으로 보고 있다. 여기에 김이브를 관리하는 MCN기업과 매니저도 존재한다.

김이브가 웬만한 대기업 임원연봉을 받고 유명 연예인 같은 관리를 받는 이유는 그녀의 능력과 기술적 발전이 있기 때문이다. 마땅한 수익 구조가 없던 세이클럽이 아닌 아프리카TV '별풍선'이라는 수익을 내는 시스템이 있었기에 가능하다. 몇 개월 전부터는 유튜브에서 활동하고 있다. 유튜브 역시 수익을 발생시키는 기술은 완비되어 있다.

콘텐츠크리에이터가 수익을 내는 시스템의 기술은 완비된 상태며, 더 좋은 시스템으로 진화 중이다. 이제 콘텐츠크리에이터 창업자들은 수익 시스템보다 수익증대방법과 수익의 다각화를 고민해야 한다.

수익증대와 수익의 다각화를 이룬 콘텐츠크리에이터는 3년 이상 꾸준히 활동한다. 한 가지 콘셉트로 3년 이상 방송한다는 건 쉽지 않다. 단순 흥미를 넘어 직업철학이 없다면 오래 할 수 없다. 여기에 차별성도 고려해야 한다. 미디어 특성에 미투Me Too상품과 비슷한 주제로 쉽게 따라 할 수 있다. 만약 혼자 할 수 없다면 팀으로 하는 것도 좋은 방법이다. 음향 미디어 콘텐츠크리에이터들은 팀으로 활동하는 경우가 많다.

콘텐츠크리에이터로 제로창업 할 때 수익모델은 플랫폼과 마찬가지로 영상 미디어와 음향 미디어가 차이가 있다. 먼저 영상 미디어는 업로드콘텐츠와 라이브콘텐츠로 나뉜다. 몇 년 전부터 라이브콘텐츠로 수익을 올리고 편집해서 업로드콘텐츠로 다시 수익을 창출할 수가 있다. 하지만 활동하는 플랫폼 따라 기본 방식은 다르다.

먼저 업로드콘텐츠는 영상을 편집과 녹화를 할 수 있다. 시청자에게 최상의 영상을 제공해줄 수 있으며 다양한 방식의 콘텐츠 공급이 가능하며 반복적으로 활용할 수 있다. 시청자에게 회자되는 경우도 많다는 특징이 있다. 업로드콘텐츠의 수익은 광고다. 노출량에 따라 광고수익이 달라진다. 광고는 콘텐츠크리에이터에게 기초적인 수익모델이면서 가장 큰 수익을 창출해주는 곳이기도 하다. 유튜브는 45:55로 나눈다. 100원 수익을 올리면 55원의 이익이 남는다. 여기에 MCN기업과 제휴를 맺으면 55원 수익에서 다시 계약에 따라 나눈다.

라이브콘텐츠는 실시간의 장점으로 제작이 쉽고 시청자의 반응을 즉각 이끌어낼 수 있다. 수익은 시청자들이 주는 후원이다. 최근에는 라이브콘텐츠와 개연성이 있는 제품홍보 등으로 확장하고 있다. 라이브콘텐츠는 시청자 수와 체류시간에 따라 수익이 달라진다.

광고와 후원 외에 다른 수익모델은 OSMU One Source Multi Use라 불리는 방법이 있다. 퍼스널브랜딩에 성공한다면 책과 강연으로 수익을 다각화할 수 있다. '공신'으로 불리는 강성태 대표는 공부 콘텐츠크리에이터로 아프리카TV, 유튜브로 유명세를 떨쳤다. 지금은 공중파 출연과 강의, 저서 출간으로 바쁜 나날을 보내고 있다. 영상 미디어로 퍼스널브랜딩 한다면 다양한 방법으로 수익을 창출할 수 있다. 강연시장, 출판시장은 오래전부터 콘텐츠크리에이터들의 활동을 지켜보고 있다. '영상-음향-강연-출판'은 한 사이클로 움직이기 때문이다.

수익을 창출하는 또 다른 방법은 기업협업이다. 기업은 홍보에 목말라한다. 팬이 형성된 콘텐츠크리에이터에게 자사제품 홍보 등으로 수익을 만들 수 있다. 일부 콘텐츠크리에이터는 직접 쇼핑몰을 운영하는 등 수익을 다각화하고 있다.

자신이 만든 영상 미디어를 편집해서 유료로 판매하는 때도 있다. 시작은 무료로 시작해서 흥미를 끌고 MCN사업자나 미디어기업과 제휴를 맺고 유료로 판매한다. 기존 미디어와 차별화된 영상을 만든다면 유료 결제도 주요 수익원이 될 수 있다.

음향 미디어의 경우 영상 미디어보다는 수익모델에 한계가 있다. 몇 가지만 소개하면 첫 번째는 광고다. 방송 전, 중, 후 광고를 넣는 방식이다. 많은 청취자를 보유하고 있다면 다양한 곳에서 광고 문의가 온다. 만약 특화된 콘텐츠로 방송했다면 청취자특성에 맞는 광고제휴가 들어온다. 광고 말고 오픈방송으로 수익을 창출한다. 오픈방송을 통해 참가비를 받는 방식이다. 오픈방송에 다수 청취자가 직접 방문한다면 기업 후원 등 또 다른 수익원이 나올 수 있다. 영상 미디어와 마찬가지로 콘텐츠의 유료화로도 수익이 발생할 수 있다.

콘텐츠크리에이터의 수익창출 시스템은 잘 이루어져 있다. 하지만 수익모델은 퍼스널브랜딩 확장으로 출판, 강연, 광고, 기업협업, 지식재산권 등 다른 제로창업에 비해 많지는 않다. 그러나 미디어가 가진 파급력과 영향력을 생각하면 수익창출 액수는 어느 제로창업보다 높을 수 있다.

인터뷰했던 콘텐츠크리에이터들은 한결같이 3년 이상 활동하겠다는 마음과 콘텐츠개발, 생활비를 말한다. 결국, 꾸준함이다. 키즈 채널을 운영하는 Y 대표는 콘텐츠 유행은 빠르게 바뀌지만, 본질인 전문성, 오락성, 공감성은 바뀌지 않는다고 강조한다. 이를 인정받기 위해 3년간 활동하는 걸 강조한다.

콘텐츠크리에이터의 또 다른 수익 방법은 지식재산권이다. 과거보다 지식재산에 대한 개념이 확장되었지만, 지식에 돈을 낸다는 당연한 인식은 부족한 것도 사실이다. 콘텐츠크리에이터 제로창업자들이 만들어내는 콘텐츠는 지식재산이며, 수익을 창출해야 더 좋은 콘텐츠를 만들어낼 수 있다. 지식재산을 무료로 소비한다는 인식이 바뀌고 있다. 여기에 관련 기술도 빠르게 진보 중이다. 산업발전 가능성을 생각하면 콘텐츠크리에이터는 어느 제로창업 아이템보다 가능성이 많다.

시청자, 청취자가 좋아하는 콘텐츠가 무엇인지 진지한 물음으로 시작하자. 콘텐츠를 만드는 기기와 기술, 수익을 발생시키는 시스템, 언제 어디서나 콘텐츠를 소비할 수 있는 스마트폰까지 잘 갖춰진 상태며 계속 발전 중이다. 이젠 시청자, 청취자가 좋아하는 콘텐츠를 지속해서 만들어내는 능력이 제로창업자의 생존은 물론 부富를 만들어낼 것이다.

제로창업,
콘텐츠크리에이티브로
당장 해야 할 일

어느 순간부터 초등학생 희망직업조사에서 공공기관 근무자가 1위를 차지하고 있다. 대통령, 사업가, 장군 같은 꿈이 아니라 안정성이 강한 직업을 선택하는 대한민국 교육 현실이다. 희망직업조사의 또 다른 특징은 현재 인기직업을 반영한다는 점이다. 억대연봉 프로게이머가 등장할 때 프로게이머 꿈이 상위권에 올라왔다. 최근에는 BJ방송진행자가 등장하기 시작했다.

마인크래프트 게임으로 방송하는 도티, 양띵, 악어는 '초통령초등학생 대통령'으로 불리며 인기를 끌고 있다. 게임 말고도 초등학생을 주 시청자로 남캠, 여캠 방송으로 수익을 올리는 BJ도 다수 존재한다. 이런 영향을 받은 초등학생들의 꿈에도 영향을 미친다. 앞에도 이야기했던 영상,

음향 미디어는 영향력과 파급력이 강하다. 최근엔 단순히 수익을 올리기에 급급한 방송의 위험성을 여러 곳에서 볼 수 있다. 더 큰 문제는 어른들의 방송을 그대로 따라 하는 청소년, 초등학생들이 늘어나고 있다는 점이다. 수익을 올리기 위해 위험한 행동과 말도 서슴지 않는다.

콘텐츠크리에이티브로 제로창업을 한다면 미디어가 미치는 영향력과 파급력을 고려한 콘텐츠제작이 필요하다. 나의 콘텐츠가 누군가의 꿈이 될 수 있고, 희망이 될 수 있지만, 누군가에게 상처도 줄 수 있다는 사실을 알아야 한다.

콘텐츠크리에이티브는 초기 수익창출이 쉽지 않다. 수익을 단기간 올리고 싶은 충동으로 자극적인 요소로 콘텐츠를 변질시킬 수 있다. 자극적인 요소는 단기간 수익을 올리는 데 도움이 될 수 있지만, 본인은 물론 시청자, 청취자를 넘어 사회전반에 부정적인 영향을 끼칠 수 있기 때문이다.

콘텐츠크리에이티브 제로창업은 초기 외주를 받기 이전에는 수입원이 조회 수, 광고, 후원이 있다. 이 역시 3년 이상 꾸준히 할 때 수익이 창출된다. 창업부터 수익을 내는 건 여러 가지 어려움이 따른다. 다른 수입원이 있을 때 창업 준비는 물론 창업을 실행해야 한다. 콘텐츠크리에이티브는 시간, 장소 제약이 없다. 누굴 만나지 않아도 비즈니스가 가능하다. 직업이 있는 상태에서 창업을 실행해도 된다는 뜻이다. 오늘 몇 분만 투자해서 나만의 채널을 만든다면 제로창업을 실행할 수 있다.

진입장벽이 없어 쉽게 창업할 수 있지만 철저한 사전 준비가 없다면, 지속할 수 없다. 기획부터 제대로 해야 한다. 오락성 요소가 강한 채널을 만든다 해도 철저히 준비된 콘텐츠만이 지속성을 확보할 수 있다. 기획단계를 절대로 가볍게 보면 안 된다.

콘텐츠크리에이티브 기획은 잘 아는 분야로 시작한다. 전문성이 있으면 당당히 내보일 수 있는 자신감도 있다. 그리고 장기간 만들어내기 위해 콘텐츠의 발전 가능성을 염두에 두어야 한다. 내가 좋아하는 분야가 단순히 좋아하는 것인지, 전문적인 콘텐츠로 만들어낼 수 있는지를 판단해야 한다.

잘 아는 분야를 판단하기 힘들면 지금 직업을 선택하는 것도 좋다. 만약 직장에 다닌다면 직장의 솔직한 이야기나 처세법, 자기계발, 승진 등 다양한 콘텐츠를 만들어낼 수 있다. 이 중 자신 있는 분야를 선택하면 된다. 잘 아는 분야의 카테고리를 미리 설정할 필요가 있다. 방송의 포지션, 캐릭터는 카테고리 따라 많이 달라진다.

콘텐츠와 카테고리를 정했다면 콘텐츠의 주고객을 정해야 한다. 업로드콘텐츠라면 시간의 제약을 받지 않지만 라이브콘텐츠는 연령이 쉽게 접근할 수 있는 시간을 알아야 한다. 주 고객이 사용하는 언어, 플랫폼 등 연령대에 맞는 선택과 집중을 해야 한다.

다음으로 콘텐츠의 테마와 스토리를 만들어야 한다. 테마는 다큐멘터리, 토크, 오락, 리얼 등을 말한다. 콘텐츠가 최대한 돋보이는 테마를 선정한다. 테마가 정해지면 시청자, 청취자를 장시간 머물 수 있게 하는 요소가 필요하다. 장시간 머물게 하는 방법은 스토리를 입히는 과정이다. 스토리를 입혀 호기심, 긴장감 등을 만든다.

테마와 스토리를 완성했다면 제작에 들어가야 한다. 앞에서도 이야기했듯 제작에 관한 기술과 기기는 스마트폰부터 다양한 기기와 프로그램을 활용하면 된다. 최근 콘텐츠크리에이티브에 관한 교육이 늘어났다. 제작을 직접 할 수 있고, 외부에 맡기는 방법도 좋다.

콘텐츠를 만들고 올리는 일 외에 지속적 성장과 수익창출 시기를 당기기 위해 퍼스널브랜딩이 필요하다. 콘텐츠크리에이티브는 자체가 상품이고 브랜드다. 퍼스널브랜딩이 된다면 여러 가지 유리한 위치에서 콘텐츠를 알릴 수 있다.

퍼스널브랜딩을 위해 커뮤니티를 만들면 좋다. 콘텐츠에 커뮤니티는 팬덤을 형성하고 아이디어 확장을 준다. 밴드, 카페 등 커뮤니티를 미리 만들 필요가 있다. 커뮤니티 말고 퍼스널브랜딩에 필요한 제반 작업을 해둔다면 콘텐츠 확산에 도움이 될 수 있다.

콘텐츠크리에이티브는 문화적 소재를 미디어를 통해 재생산하는 사람이다. 꾸준함을 무기로 일정수준까지 올라간다면 영향력과 파급력으로 수익을 창출할 수 있다. 콘텐츠크리에이티브 중 제로창업으로 이야기했던 유튜버, BJ, 팟캐스트, MCN 등을 보는 시선이 극명하게 갈린다.

제로창업자들이 분명한 시각을 갖고 시작해야 한다. 부정적인 시선으로 어려움이 많겠지만, 문화를 발전시키고 누군가에게 영향력을 행사한다는 것을 기억하고 창업할 필요가 있다.

제 3 장

독서를 넘어 창업의 아이템으로

─ 출 판 관 련 창 업

전문성과
유연성을 무기로
기획출판을 한다

2017년 3월 5주간에 인터넷 서점 예스24 종합베스트셀러 1, 2위는 이기주 작가의 《언어의 온도》이기주 지음, 말글터 출간와 윤홍균 원장의 《자존감 수업》윤홍균 지음, 심플라이프 출간이다. 2016년 출판 당시 큰 주목을 받지 못했지만, 꾸준히 입소문을 타면서 많은 독자의 사랑을 받고 있다. 3월 말 기준 《언어의 온도》는 약 10만 부, 《자존감 수업》은 약 25만 부 가량이 나갔다. 출판시장 자체가 불황인 상황에서 대단히 성공한 책이라는 평가다. 책을 펴낸 출판사는 '말글터', '심플라이트'로 대표 외에 직원 3인까지로 구성된 '1인 출판사'다.

1인 출판사는 대표가 직접 기획, 작가 섭외, 교정교열, 편집, 디자인, 제본, 배본과 유통, 홍보 등 출판 전 과정을 담당하는 출판사를 말한다.

2016년에 등록된 4만 7,000여 개 출판사 중 대부분을 차지하고 있다. 등록된 수는 절대다수지만 영향력 측면에서는 항상 비주류였던 1인 출판사가 도서정가제 시행과 SNS 홍보 활성화로 새로운 축이 되고 있다. 이런 힘에는 1인 출판사의 가장 큰 장점인 유연성과 전문성이 있기 때문이다. 소수독자층을 발굴해 정확한 니즈가 있는 책을 출간한다. 유통, 홍보, 스타작가 섭외 등 여러 가지 면에서 규모가 큰 출판사를 이길 수 없지만 1인 출판의 약진은 계속될 전망이다.

1인 출판 역시 제로창업 방법의 하나다. 1인 출판 제로창업자를 만나보면 《언어의 온도》, 《자존감수업》 같은 대박은 행운 중 행운이라는 평가다. 1인 출판사 창업으로 대박보다는 자기가 좋아하는 일을 한다는 마인드로 일해야 한다고 조언한다.

대한민국 출판시장규모는 세계 9위다. 출판 강국이다. 하지만 매년 발표되는 출판 관련 통계는 밝지 않다. 특히 독서인구 감소는 출판 산업 존립을 흔들고 있다. 2016년에 발표된 성인 평균 독서량은 한 달 0.8권이다. 평균이라는 점을 고려하면 많은 사람이 한 달에 한 권도 읽지 않는다고 볼 수 있다. 2016년에 발표된 매출액 순위 10위권 출판사 상당수가 매출규모가 줄어들었다. 출판 산업 관련 통계 대부분은 밝지 않다.

이런 환경이지만 1인 출판사는 늘어나고 있다. 앞에도 이야기했듯 규모가 큰 출판사가 다루지 않은 전문성과 유연성이 무기인 셈이다. 그리고 실제로 1인 출판사에서 출간한 몇몇 책은 독자에게 큰 사랑을 받고 있다.

출판사 창업을 이야기하면 '인쇄소' 개념을 떠올리는 사람이 있다. 인쇄소가 아니면 일정 이상 규모가 있어야 한다고 생각한다. 과거에는 그랬지만 지금은 아니다. 출판 관련 모든 부분을 대행해주는 회사가 많다. 파트너로 함께하면 된다. 홍보 또한 전문 대행업체도 많다.

1인 출판사 대표는 독자에게 사랑받을 콘텐츠나 세상에 꼭 필요한 책이라 생각하는 주제를 찾으면 된다. 작가 섭외는 작가모임이나 관련 책을 출간한 작가에게 연락을 취해 원고를 의뢰하면 된다. 원고가 완성되었다면 디자인-교정교열-인쇄-유통-홍보-정산까지 해결해주는 곳과 계약을 하면 된다. 만약 디자인이나 교정교열이 마음에 들지 않으면 프리랜서 또는 1인 기업 출판디자이너, 교정교열을 전문적으로 하는 작가에게 맡기면 된다. 중요한 건 1인 출판사 대표는 독자 수요가 있는 콘텐츠를 잡아내는 안목이 중요하다. 사실 나머지는 시스템이 잘 되어 있어 맡기면 된다.

독자 수요가 있는 콘텐츠를 찾는 안목은 하루아침에 길러지지 않는다. 오랫동안 출판을 산업관점으로 지켜본 사람만이 안목을 가질 수 있다. 하지만 좌절할 필요는 없다. 1인 출판은 전문성과 유연성이 무기다. 그동안 지식, 경험, 노하우, 기술을 쌓은 곳에 전문성이 있다. 전문성을 기반으로 수요를 찾아보면 된다. 여기에 정형화된 책이 아닌 유연화로 편집할 수 있다.

미술을 전공하고 1인 출판을 한 K 대표의 경우 20~30대 여성독자를 타깃으로 점과 점을 연결하는 그림 그리기 책, 단순 패턴에 색깔 칠하기 책 등을 출간했다. K 대표의 전문성과 유연성으로 성공한 일이다. 전통주 동호회에서 오랫동안 활동했던 O 대표의 경우 1인 출판사를 차려 획일적인 전통주 책이 아닌 사진과 스토리를 입힌 책을 직접 출간했다. 베스트셀러는 아니지만, 동호회에서 필독서가 되었다.

제로창업의 기본은 최대한 작게 시작하기다. 출판사는 사업자를 집으로 해도 무관하다. 사업장이 있다면 업종에 추가해서 넣어도 된다. 그 외 출판 관련 정보나 진행방법, 금액은 상세히 나와 있다.

- 출판사 등록방법 : 각 지역 구청 문화체육과
- 국제표준도서번호(ISBN) 및 출판예정도서목록(CIP) : www.seoji.nl.go.kr
- 출판대행업체 : www.book.co.kr, www.gnbooks.co.kr 등 다수

출판사를 시작하는 방법은 어렵지 않다. 반대로 접기도 쉽다. 5만 개에 가까운 출판사 중 1년에 한 권도 출간하지 않는 출판사가 90%가 넘는다. 사업자만 있을 뿐 출간을 하지 않는다. 그만큼 운영이 어려운 현실에 있다. 하지만 도서정가제, SNS 홍보 확대 등 새로운 기회가 존재한다.

출판사를 시작하기 전 출판사의 아이덴티티부터 정해야 한다. 자본과 규모에 한계가 있기에 정확한 아이덴티티로 독자에게 알려야 한다. 만약 출판비용을 저자가 부담하는 '자비출판'을 한다 해도 돈만 주면 다한

다는 식의 출판사는 독자에게 혼란을 줄 수 있다. 아이덴티티를 바탕으로 꾸준히 출간해야 독자는 출판사를 기억해주며, 꾸준한 출간은 한 분야에 흐름과 감을 잡을 수 있다.

최근 일정한 판매량을 스스로 책임질 수 있고, 원고를 집필할 수 있다면 '셀프출판'을 한다. 출판사를 직접 차려서 본인 책을 직접 출판하는 방법이다. 다른 저자의 책을 출간도 하지만 자기 책을 우선으로 출판하는 형식이다. 1인 출판사 중 상대적으로 가격이 저렴한 전자북만 출판을 목적으로 창업하는 경우도 있다. 출판시장이 어렵지만 전자북 시장은 매년 성장하고 있다. 또 하나의 기회인 셈이다.

1인 출판사 중 좋은 원고를 발굴해서 세상에 내놓는 '기획출판'의 성공 요인은 크게 3가지로 볼 수 있다.

첫 번째, 제목과 목차, 원고 수준이다. 책의 생명은 내용이다. 콘텐츠가 좋고, 시대가 필요로 하는 원고라도 원고 수준이 떨어지면 독자는 외면한다. 여기에 제목과 목차도 독자 선택에 큰 영향력을 행사한다. 비용을 아낀다고 비전문가에게 제목, 목차, 원고 수정 등을 맡길 수 있다. 하지만 일정 이상 훈련이 되어 있지 않으면 수준 떨어지는 책이 나올 수 있다. 수준을 올리기 위한 카피라이터, 전문디자인에 과감한 투자가 필요할 때가 있다.

두 번째, 저자의 역량이다. 실력 있는 작가를 제외하고 이름만 내걸었다고 책이 판매되는 경우는 많지 않다. 최근 저자에게도 강의, SNS마케팅 등 다양한 역량을 필요로 하고 있다. 이런 능력을 겸비한 원석이 좋은 사람이 우리 주변에 많다. 역량이 있는 저자를 발굴해 세상에 내놓는다면 저자와 출판사가 함께 성장할 수 있다.

세 번째, 마케팅 능력이다. 책 광고는 자본이다. 과거보다 판매량이 투명하게 공개된다지만, 그렇다 하더라도 베스트셀러를 만드는데 큰 역할을 하는 것은 온라인, 오프라인 광고다. 광고에는 돈이 필요하다. 제로창업한 1인 출판사는 자본이 부족해 광고에 한계가 있다. 하지만 몇 년 전부터 포털사이트 '출간 전 연재', '포스팅 홍보' 등 파급력이 강한 무료 홍보가 늘어났다. 여기에 동영상을 직접 제작해 유튜브에 홍보하는 1인 출판사도 볼 수 있다. 마케팅 능력에서 다윗과 골리앗 싸움의 형국이지만 방법이 없는 건 아니다.

1인 출판사의 최대장점은 전문성과 유연성이다. 직업, 취미, 지식, 노하우, 경험, 기술 등 무엇이든 오랫동안 쌓아온 나만의 전문성을 바탕으로 책 수요가 있는 곳을 찾으면 1인 출판 제로창업도 기회이며 시장이다.

저자와 독자를 만족하게 하는 책을 만들어준다

《부자 아빠, 가난한 아빠》 시리즈로 세계적인 인물이 된 사업가 로버트 기요사키. 그의 책에는 부자들의 음모와 미국 부동산 거품 현상 등 도발적인 내용을 담아냈다. 원고 집필을 마치고 여러 출판사에 투고했지만, 이 원고를 받아주는 곳은 없었다. 결국, 자비출판을 결정한다. 출판 후에도 시장의 반응은 냉담했다. 그러던 어느 날 장거리 출장을 가던 중 전화 한 통을 받는다. 전화를 건 사람은 토크쇼의 여왕 오프라 윈프리였다. 토크쇼 책 소개란 방송을 하겠다는 내용이었다. 토크쇼 소개로 주목을 받은 책은 2007년 그가 주장했던 미국 부동산 거품이 빠지는 서브프라임모기지 사태가 터지면서 큰 명성을 얻게 된다. 이후 '현금흐름의 4분 면'은 부자 공식으로 자리를 잡는다.

"선택은 노력보다 중요하다"라는 말이 있다. 로버트 기요사키가 출판사에서 거절당했을 때 출간을 포기했다면 지금과 같은 명성은 없었을 것이다. 자비출판은 탁월한 선택이었고, 자비출판사 역시 함축적 의미가 담긴 책 제목을 선정하는 등 로버트 기요사키 성공에 큰 역할을 했다.

출판사가 모든 비용을 투자하는 기획출판은 콘텐츠, 대중성, 저자역량 등 여러 가지 가능성을 보고 투자한다. 하지만 세상에 필요한 책 중에는 콘텐츠, 대중성, 저자역량 등 모두를 필요로 하는 건 아니다. 팔리지 않더라도 빛을 보고 싶은 책은 자비출판을 이용한다. 자비출판사로도 제로창업이 가능한 것이다.

컨설팅, 강의, 상담 등을 전문적으로 하는 1인 기업, 프리랜서가 급증하면서 퍼스널브랜딩이 보편화되었다. 모두가 자신의 전문성을 알리기 위해 투자를 아끼지 않는다. 퍼스널브랜딩 방법의 하나가 저서 출간이다. 저서 안에는 사진이나 연락처, 성공사례 등 컨설팅, 강의, 상담으로 연결될 수 있는 많은 걸 담아내고 싶은 욕심과 독자에게 만족을 주는 책을 만들고 싶은 내용을 담는다. 제로창업으로 자비 출판사를 선택했다면 저자도 만족하게 하면서 독자도 만족하게 하는 출판이 필요하다. 과거 자비출판은 가격 측면의 경쟁력이 위주였지만, 최근 다양한 수요를 만족하게 하는 전문성도 필요해졌다.

인터넷에 '추억을 담은 책'이라는 제목으로 사진 몇 장이 올라왔다. 저자는 20대 남자고 날개페이지에는 여자 친구와 오붓하게 찍은 사진이 있다. 책 내용은 여자 친구와 함께했던 카카오톡 메시지를 스크린 복사해서 책으로 출간한 것이다. 정식 ISBN 등록이나 가격은 없지만 두 사람의 의미를 담은 소중한 책이라 생각한다. 몇 년 전부터 출판비용과 자서전 전문 강사를 지자체에서 지원하는 '어르신 자서전' 쓰기 수업이 많다. 자서전 전문 강사의 도움으로 원고가 완성되면 지자체가 선정한 출판사에서 자서전을 출간시켜준다. 자서전 특성상 판매용보다는 그 내용에 의미를 두고 출간하는 것을 중점으로 한다. 삶의 의미를 찾는 사람이 늘어날수록 자서전 형태의 출간 수요는 더욱 증가한다.

또, 오랫동안 SNS나 블로그에 올린 글을 체계적으로 정리해서 책을 내고 싶어 하는 사람들이 증가했다. 모은 글을 책으로 출간하기 위해서는 편집자 입장에서 체계적인 정리가 필요하다. 이 역시 자비출판 시스템을 갖고 있다면 가능하다. 자비출판의 다양한 수요는 계속 증가할 전망이다.

자비출판을 시작하는 방법은 기획출판과 큰 차이가 없으며 창업은 어렵지 않다. 하지만 저자가 만족할 만한 가격과 디자인 유통 그리고 독자에게 팔리는 책을 만들어내는 방법이 중요하다.

최근에는 자비출판도 원고와 비용을 가지고 찾아오는 시스템을 넘어 출간의지와 판매 가능성이 있는 사람을 찾아가 자비출판을 영업하는 방식이 있다. 더욱 진화해서 1쇄 비용을 저자가 부담하고 이후 추가 인쇄

비용을 출판사가 부담하는 반¥자비 출판도 늘어나고 있다. 출판시장 자체는 여러 위기를 겪고 있지만, 책 출간 수요는 분명 늘고 있으며 이런 현상은 계속될 전망이다.

자비출판으로 성공한 창업자들이 말하는 성공 요인은 세 가지로 정리된다.

첫 번째는 네트워크 형성력이다. 앞에도 이야기했듯 출판의 모든 과정을 대행해주는 곳은 많다. 시스템은 정말 잘 갖춰있다. 중요한 건 원고와 인쇄비용을 내줄 사람과 접촉해서 계약까지 끌어오는 일이다. 기존 자비출판 시장에 미리 진입했던 출판사는 마케팅, 포트폴리오, 협력업체 등 잘 갖춰진 상태이다. 때문에 신생 자비출판사는 직접 발로 뛸 수밖에 없다. 결국, 네트워크 형성이 중요하다는 것이다. 필자 주변에 자비출판사 대표들이 많다. 신규로 시작했지만, 꾸준히 출간하는 출판사는 대표가 필드에서 CEO, 교수, 강사, 임원 등을 직접 만나면서 저서가 필요한 이유를 적극 설명하고 영업한다.

두 번째는 마케팅 능력이라 말한다. 출판을 하는 이유는 자신을 알리고 대중과 소통하기 위해서다. 출간 후 마케팅이 되지 않으면 저자 판매에 의존할 뿐이다. 출판시장에 마케팅은 비용문제와 직결된다. 좋은 원고는 기본이고 제대로 된 마케팅이 있어야 책을 알릴 수 있다. 저자가 원하는 마케팅 범주와 출판사 마케팅 역량은 분명 다르다. 계약 전 마케팅 범위를 분명히 알리거나, 저서 전문 홍보대행업체와 제휴방식으로 진행할 필요가 있다.

세 번째는 퀄리티의 마지노선이 있다. 자비출판을 했던 지인 중 출판사와 저가로 계약했다가 수준이 상당히 떨어지는 저서를 출간했다. 창피해서 책을 집에 모셔두는 중이다. 힘들게 원고를 썼고 출간의 기대감이 컸던 탓에 실망감은 이루 말할 수 없다. 저자가 저비용을 원하는 건 당연하다. 하지만 무조건적인 저가는 저자, 독자 모두 실망을 줄 수 있다. 일정한 퀄리티를 지킬 줄 알아야 한다. 그것이 저자, 독자는 물론 포트폴리오를 관리하는 창업자로서도 필요하다.

자비출판에 대해 비용이나 구체적인 정보를 알고 싶다면 포털사이트에 있는 자비 출판사를 찾으면 쉽게 알 수 있으며, 책과 강의를 통해서도 많은 정보가 있다. 제로창업 전 참고하면 좋다.

최근에는 퍼스널브랜딩에 필요한 SNS마케팅, 언론노출, 출판까지 종합적으로 묶는 일도 있어 자비출판은 점점 진화하고 있다. 지식기반 창업이 계속 늘어난다면 자비출판 역시 밝은 제로창업 중 하나다.

팔리지 않지만, 꼭 출간되기를 원하고 또 출간되어야만 하는 책은 분명히 있다. 이런 원고를 갖고 있고 출간 비용까지 감당할 사람이 분명 존재한다. 그 절실한 마음을 가진 원고를 구성하며. 독자에게 흥미를 주고, 마케팅 능력을 겸비한 사람의 도움이 필요하다. 자비출판은 그런 도움을 주는 출판이다.

글이
돈이 되는 기적으로
창업한다

자기표현능력의 최고 난이도는 글쓰기다. 말도 자기표현능력의 범주지만, 말은 휘발성이며 상호 간 의미만 통하면 형식상 자유롭다. 반대로 글은 영속성이며 의미가 통하기 위해 많은 노력이 필요하다. 말의 매체가 늘어나는 요즘은 말이 '여론형성'이 아니라 '배설' 현상으로 나타나는 경우를 쉽게 볼 수 있다. 이런 환경 속에서 글쓰기 능력은 더욱 대접받고 있으며, 글쓰기를 배우기 위한 열풍도 불고 있다. 출판시장도 글쓰기 관련 책이 꾸준히 출간되고 있다.

글쓰기 능력은 대접을 받고 있지만, 어느 전업 작가의 표현처럼 '글 값이 똥값'이 된 시대다. 전업 작가를 꿈꾸다 새로운 직업을 얻은 지인은 원고료만으로 먹고사는 전업 작가가 몇 명이겠느냐고 말했다. 그만큼 글만 써서 먹고 살기 힘들다는 항변이다. 필자도 여러 권의 책을 출판하고 여러 곳에 칼럼을 쓰고 있지만 글쓰기로 생계유지가 힘들다는 말에 솔직히 동의한다.

필자를 포함한 많은 사람이 글쓰기를 할 때마다 몸에서 힘들다고 반응이 온다. 글쓰기는 노동이란 뜻이다. 가끔은 집필, 칼럼 기고, 글쓰기를 딱 취미로만 하고 싶을 때가 있다. 즐기면서 쓰고 싶지만, 콘텐츠를 생산해야 하는 제로창업자로서 글은 최고의 자기표현이면서 콘텐츠 생산에 최고의 방법이다. 노동에 비해 글에 대한 금전적 보상은 많지 않지만, 재생산하는데 글쓰기만큼 큰 영향을 주는 것도 없다.

글이 노동에 비해 제대로 된 값을 받지 못하는 여러 이유가 있다. 그중 하나는 글은 누구나 쓸 수 있다는 생각이 보편적이기 때문이다. 희소성에서 상당히 불리하다. 어느 정도 교육만 마치면 글은 누구나 쓸 수 있다. 그러나 머릿속 내용을 온전히 쓰는 건 어려운 일이다.

바쁜 현대인은 글을 구매한다. 글 쓸 시간이 없거나, 글을 어떻게 전개할지 몰라서 돈을 주고 구매한다. 글을 대신 써주는 지적노동으로 돈을 벌 수 있다. 글을 잘 쓸 수만 있다면 노트북 한 대와 조용한 카페 그리고 핸드폰만으로도 제로창업을 할 수 있다는 뜻이다.

컴퓨터가 고장나면 전문가를 찾아가 수리를 요청하고 돈을 지불한다. 내가 수리를 배워 고칠 수 있지만, 시간과 비용이 많이 든다. 전문가를 찾는 게 효율적이다. SNS 홍보는 꾸준함이 생명이다. 직접 할 수 있지만 개인스케줄이 바쁘면 전문 업체에 관리를 맡긴다. 그 시간에 본업에 더 집중하는 게 더 효율적이다. 전문가에게 맡기는 게 너무나 당연한 우리의 모습이다.

글로 표현하는 능력이 부족한 사람은 기본적인 정보를 주고 전문가에게 대필代筆을 맡긴다. 대필분야는 자기소개서, 에세이, 칼럼, 자서전, 논문, 단행본, 반성문, 탄원서 등 정말 많다. 하지만 대필의 개념에 대해 부정적인 시선이 많다. 일부 획일적인 대필이 사회적 문제를 일으키지만 대필은 엄연한 지적서비스며 노동이다. 얼마 전 뉴스에서 아버지께 드리는 편지 대필이나, 회사 사유서를 대필한다는 소식을 들었다. 대필의 분야가 점점 세분화, 전문화되고 있다.

다른 전문분야보다 대필에 대해 우리나라가 관대하지 못한 건 글에 대한 엄격함 때문이다. 글이 주는 가치와 파급력으로 조상들은 글에 대해서는 엄격했다. 하지만 시대가 바뀌어도 한창 바뀌었다. 문맹은 제로에 가깝고, 누구나 글을 읽고, 쓸 수 있다. 여기에 SNS가 등장하면서 글이 넘쳐 흐르게 되었다. 여러 분야에 전문가를 찾듯, 글쓰기도 전문가를 찾는 것이 점점 보편화되었다.

《글이 돈이 되는 기적》이성주 지음, 생각비행 출간의 저자 이성주는 글이 돈이 되기 위한 치열한 과정을 담았다. 그중 핵심 9가지 노하우를 책에 담았다. 소개하면 다음과 같다.

첫 번째는 글을 빨리 쓰기 위해 쫓기는 글쓰기가 돈이 된다고 한다. 쫓기는 글이 힘들면 글을 쓰기 위한 구성시간을 아끼라 말한다.

두 번째는 정보 검색의 노하우다. 저자는 첫 번째 검색은 '책'이 되어야 한다며 검색을 조언한다.

세 번째는 작법책 독서로《시나리오 어떻게 쓸 것인가》,《유혹하는 글쓰기》를 추천한다.

네 번째는 교정, 교열로 포털사이트에 맞춤법검사로 기초를 익히고 소리내어 읽어볼 것을 말한다.

다섯 번째는 저자의 다양한 장르의 글쓰기 노하우를 담았다. 간략하게 정리하면 자서전은 3~4번 인터뷰 후 영웅 서사구조 대입, 에세이는 핫이슈를 다양한 시각으로 풀어내며, 시나리오는 3장 구조를 외워서 활용해라, 인터뷰 글은 경청을 강조한다. 잘 들어야 잘 쓸 수 있기 때문이다.

여섯 번째는 일감 따내기다. 일은 저절로 들어오지 않는다. 업계 종사자는 미친 듯이 쓰고, 미친 듯이 투고하고, 미친 듯이 관계자들을 만나야 일감이 들어온다고 말한다.

일곱 번째는 글을 쓰고 싶다면 주변을 정리하고, 모든 걸 다 걸고 써보라고 조언한다.

여덟 번째는 글을 다 쓰고 묵혀 두기다. 묵혀 두어야 허점이 보이기 때문이다.

아홉 번째는 이해를 구할 수 있는 동지를 구하라고 조언한다.

저자는 "'전생에 죄를 많이 지은 이가 현생에 글쟁이로 태어난다'는 말이 있다. 그만큼 글쟁이의 삶이 고단하다는 의미일 것이다. (중략) '쓰지 마, 하지 마, 다른 좋은 기술 배워라' 인도주의적 관점에서의 충고다"라고 말할 만큼 글쓰기로 돈 벌기가 힘들다고 말한다. 글을 통해 제로창업을 하고 싶다면 일독을 권유하는 책이다.

글로 돈 벌기는 쉽지 않지만 글쓰기 시장 수요가 늘면서 자동으로 공급도 늘었다. 글 쓰는 직업을 가졌거나, 글 쓰는 능력이 남보다 탁월하다면 공급자나, 예비공급자가 될 수 있다. 포털사이트에 거의 모든 장르의 글쓰기를 대신 해주는 프리랜서 또는 전업 작가들이 넘친다. 금액의 차이일 뿐 공급에는 차질이 없다.

제로창업자의 경우 직접 글을 써서 고객에게 비용을 받을 수 있지만, 창업보다는 프리랜서 작가에 가깝다. 조금 다른 개념의 제로창업이 필요하다. 바로 글을 쓰려는 수요와 공급에서 플랫폼 사업의 길을 찾는 방법이다.

학교, 기업은 모두 다른 모토나 비전을 가지고 있다. 자기소개서도 모토나 비전에 맞게 작성해야 한다. 학교, 기업 홈페이지를 통해 알 수 있지만, 작년에 합격한 자기소개서 데이터를 가지고 있다면 훨씬 더 높은 신뢰와 합격 가능성을 줄 수 있다. 프리랜서나 투잡을 하는 작가가 방대한 자료를 찾는다는 게 한계가 있다. 학교나 기업에 맞는 자기소개서 데이터가 있다면 고객에게 신뢰를 줄 수 있다. 그리고 일정 계약을 마친 작가에게 일을 주고 중계 수수료를 받을 수 있다. 일종의 '매칭'사업이다.

전문가의 글을 필요로 하는 고객은 많다. 분야도 다양하다. 하지만 누가 그 분야에 전문가인지 글을 보기 이전까지는 알 수 없다. 누군가 수요와 공급을 연결해줘야 만족도가 높다. 또한, 전업 작가가 아니면 고객을 끌어오는 마케팅에 한계가 있다. 누군가가 마케팅을 대신 해줘야 한다. 글쓰기 시장에도 매칭이 필요하며 제로창업 아이템이 될 수 있다.

제로창업자에게 글쓰기 능력은 필수적인 능력이다. 글을 통해 전문성을 나타내고 고객을 설득해야 한다. 하지만 글로 제로창업을 한다면 글 자체에 빠져서는 성장에 한계가 있다. 글을 시장, 상품으로 볼 수 있는 안목이 필요하다. 말이 넘치고, 글의 호흡이 짧아지는 시대다. 갈수록 글이 있어야 하는 고객이 늘어날 수밖에 없다. 세분화, 전문화로 제로창업을 한다면 글이 돈이 되는 기적이 가능하다.

아날로그의 부활
그리고
제로창업

2016년 상반기 출판시장 핫 이슈는 윤동주 시집《하늘과 바람과 별과 시》였다. "죽는 날까지 하늘을 우러러 한 점 부끄럼이 없기를……"로 시작하며 수많은 문학소년, 소녀를 꿈꾸던 어른들의 추억을 회상시켰다. 시집도 1955년에 출간된 빛바랜 모습 그대로였다. 시를 읽는 건 물론 과거 회상과 수집으로도 충분히 가치 있는 책이었다. 비슷한 시기 같은 출판사에서 김소월의《진달래 꽃》도 1926년 초판 이미지로 출간하며 많은 사랑을 받는다.

드론이 피자를 배달하고, 알파고가 바둑을 두며, 우주여행이 현실화되는 시대에 20세기 초반에 출간된 이미지 그대로 출간한 책이 사랑을 받았다. 윤동주 시, 김소월 시를 읽고 싶다면 인터넷으로 쉽게 읽을 수 있지만, 사람들은 돈을 주고 책을 구매하고 있다. 이유는 간단하다. 모든 사람이 갖고 있는 추억과 그리움 때문이다.

현대인은 1분 1초를 다투는 첨단의 시대에 살고 있다. 첨단의 시대 변화와 혁신은 생존에 필수지만, 365일 변화와 혁신은 피로를 준다. 피로가 쌓이면 현재Present-선물만을 즐겼던 어린 시절을 그리워한다. 어른이 되어서도 어린 시절처럼 사는 '내추럴'의 매력이 인기를 끌고, 레고나 프라모델을 갖고 노는 '키덜트'가 등장했다. 과거 권위주의 시대에는 오픈하지 못했던 철없는 시절의 그리움을 드러낼 수 있는 시대다. 시집 부활도 어린 시절의 추억과 그리움의 연장선이라 할 수 있다.

지금은 열풍이 줄었지만 2014년에 조용한 카페를 가면 종종 보이는 풍경이 있었다. 주로 20~30대 여성이 이어폰에 음악을 들으며 24색 연필로 무언가 칠하고 있다. 글이 있어야 베스트셀러가 된다는 생각을 뒤집은 책《비밀의 정원》조해너 배스포드 지음, 클 출간에 색칠을 하고 있다. 독자들은 색칠할 때에는 복잡한 생각을 하지 않아도 되었다. 색칠한 페이지는 사진을 찍어 SNS에 올렸다. 힐링 받고자 하는 마음과 자기표현의 욕구를 동시에 충족시켜준 책으로 볼 수 있다.

출간 3개월 만에 20만 부가 팔리며 많은 사람에게 사랑받은 책이다. 저자는 일러스트레이터 조해너 배스포드로 출판사는 판권을 200만 원에 구입했다. 예상치 못한 대박을 친 일이다. 클릭 한 번이면 원하는 색깔을 입힐 수 있는 디지털 세상에 색칠하는 책이 사랑을 받고 있다.

사람이 살아있음을 느끼는 순간 중 하나가 촉감을 느낄 때다. 만지는 것에 살아있음을 알 수 있다. 디지털 기기가 일상화되면서 클릭 몇 번이면 많은 일을 할 수 있는 세상이다. 하지만 사람은 아날로그 터치에 돈을 지불한다. 그중 하나가 책이다. 책이 주는 특유의 촉감과 형광펜으로 줄을 긋는 느낌은 '살아있음'을 준다.

《하늘과 바람과 별과 시》처럼 50년 전 유고집, 색칠하는 《비밀의 정원》등 출판시장의 색다른 접근은 계속되고 있다. 기술은 첨단을 달리지만, 사람은 과거를 회상하고 추억을 그리워한다. 사람이 살아가는 곳에 기회가 존재한다. 생계와 업무에 억눌려 하루하루가 힘들다면 나를 위로해주는 아이템이 무엇인지 고민해보자. 새로운 기회의 원천이 될 것이다.

아날로그 감성은 책뿐만 아니라 책을 거래하는 서점에도 제로창업 기회가 있다. 넓은 매장에 책은 물론 카페, 문화 공간, 잡화를 동시 취급하는 대형서점이 교보문고와 영풍문고 두 축으로 여러 지역에서 오픈하고 있다. 깨끗한 시설과 바로드림 서비스, 포인트 점수, 북 카운슬러의 조언 등 편리한 서비스로 무장했다. 추가해서 중고 책을 체계적으로 판매하는 알라딘 문고 등 오프라인 서점의 편리성과 대형화를 볼 수 있다. 대형화, 편리성 속에서 몇 가지는 불편해도 나만의 공간과 의미를 주는 독립서점이 다시 부활하고 있다. 아날로그 감성의 부활이다.

몇 개월 전 집 근처에 독립서점이 있다는 말을 듣고 찾아간 적이 있었다. 독립서점의 첫 인상은 어린 시절 《삼국지》와 《수호지》를 마음껏 읽게 해준 중고서점을 떠오르게 했다. 입구에는 작은 간판과 나무 의자가 있었다. 대표는 20대 중반의 여성분이었다. 판매하는 책의 대부분은 독립출판사의 책이었다. 그중에서도 국정농단으로 시끄러운 시기, 시국선언만 묶어놓은 책이 눈에 띄었다. 가는 날이 장날이라고, 독립서점을 찾은 그날 독립출판을 한 모 저자가 조촐한 출판기념회를 하고 있었다. 다음날 대표와 대화하면서 독립서점을 제로창업했다는 사실을 알게 되었다.

지자체에서 구(舊)도심 활성화로 빈 점포 지원 사업을 청년창업 사업과 연계했다. 인테리어와 1년간 운영비, 여러 가지 교육과 컨설팅을 지원받는다. 독립서점이 위치한 곳은 재개발 논의가 한창인 지역으로 월세도 부담스런 금액이 아니었다. 하지만 창업을 했으면 분명 수익이 있어야 한다. 독립출판사에서 정가의 60%로 책을 공급받고 판매한다 해도 매출은 한계가 있다. 대표는 구도심의 추억과 서점 특유의 분위기를 활용해서 공간 대여를 한다. 대여 받은 공간에는 마음껏 책을 읽고, 음료도 무한 제공한다. 대여비는 시간으로 측정한다.

지역에서 입소문 나서 평일은 주부나 학생들이 찾고 주말은 직장인이 찾아와 책도 보고 휴식도 취한다. 대표는 서점 오픈 때 한쪽 구석에 작업실을 따로 만들었다. 디자인을 전공했던 터라 출판사 표지, 내지 디자인 의뢰를 받는다고 한다. 창업 1년이 넘어가면서 운영비 지원을 받지 않지만, 창업비용은 일부 책값을 제외하고 제로라 말했다. 대표는 또래 직장인만큼은 벌고 있다고 귀띔해주었다.

작은 서점 책은 비주류 만화, 동네 시인, 성소수자, 일기 등 다양한 책을 판매하면서 공간 대여를 통해 수익을 창출하고 있다. 편리하고 좋은 서점이 늘어나는 세상에 주차장과 화장실이 불편해도 추억과 쉼을 위해 찾는다.

비슷한 유형으로 전국적인 입소문을 타고 있는 독립서점이 있다. 바로 '사적인 서점'이다. 아날로그 감성과 북 힐링이 필요한 사람에게 인기를 끌고 있다. 사적인 서점은 온종일 서점을 대여해준다. 딱 한 사람에게만 말이다. 그리고 북 컨설턴트이자 대표는 대여받은 사람을 위한 책을 추천한다.

세상이 첨단화될수록 과거를 찾는다. 변화와 혁신의 구호 속에서 과거를 그리워한다. 책과 글쓰기는 그 안에서 쉼을 준다. 쉼을 주는 아이템에서 제로창업을 할 수 있다. 그리고 제로창업자 역시 쉼과 일을 함께하는 삶을 살 수 있다.

제 4 장

전 국민 강사시대, 시장은 확장된다
―강사, 강의 창업

이야기에
돈을 지불하는
세상에서

"나는 결혼도 해본 적 없는데, 질문으로 많이 들어오는 게 부부 관계나 자녀문제입니다."

강의로 유명세를 떨치는 스님이 푸념이 아닌 푸념으로 했던 말이다. 푸념과 다르게 스님은 부부 관계나 자녀문제 질문에 명쾌한 답을 해 청중의 큰 호응을 얻는다. 비슷한 시기에 스타트업을 시작해 투자액 300억을 받는 회사를 꾸린 CEO의 강의를 들었다. 경험을 중심으로 투자에 성공하기까지 강의했다. 열정과 과정은 치열했지만, 청중입장에서 강의는 지루했다. 두 강의를 청강하며 강사가 꼭 경험해야 강의를 잘하는 게 아니라는 걸 알 수 있었다. 중요한 건 '그들청중의 언어'로 얼마나 잘 전달하느냐가 중요하다는 걸 깨달았다.

우리에게 연애강사로 잘 알려진 김지윤 '좋은연애연구소 USTORY' 소장은 연애 한 분야로 여러 권의 책을 출간하고, 언론 출연, 강의 등 연애 전문가로 통한다. 연애 전문가로서 김지윤 소장이 밝힌 연애경험은 지금 남편과 함께했던 한 번뿐인 연애경험이다. 김지윤 소장은 20대 시절 '한국기독학생회IVF'라는 선교단체와 사랑에 빠진다. 선교단체에서 수련회, 봉사활동과 얼토당토않은 이유로 남자들에게 자존심까지 세우느라, 연애 한번 하지 못하고 20대를 보낸다. 서른 살을 앞둔 시기에 자신을 냉정하게 돌아본다. 그리고 기적처럼 한 남자를 만나 결혼에 골인한다. 이후 선교단체에서 연애 카운슬러를 자처하며, 강의와 상담을 해주면서 강사로서 제로창업 기반을 만든다. 김지윤 소장은 연애경험은 한 번뿐일지 몰라도 청중이 필요로 하는 게 무엇인지 정확히 알고 있다. 그것을 특유의 강의기법과 퍼스널브랜딩으로 녹여내어 스타강사가 되었다.

직접 경험한 내용을 강의하고 자신만의 강의 노하우가 있다면 강의 스토리 전개나 청중을 설득시키는 데 큰 도움이 된다. 하지만 강의로 제로창업해서 자리를 잡은 창업자들은 한결같이 그들의 언어로 말할 수 있어야 한다고 강조한다. 내 입장이 아니라 청중 입장에서 공감과 재미를 끌고 오는 능력이 있다면 창업이 가능한 강사, 강의 제로창업이다.

강의 시장은 지속해서 성장하고 있다. 현대인은 바쁜 틈에서 자기계발을 해야 한다. 책으로 배우기에는 시간이 부족하다. 그리고 어린 시절부터 미디어에 노출되면서 많은 부분에서 재미요소를 빼놓을 수 없다.

강의는 배움과 재미 두 마리 토끼를 동시에 잡을 수 있는 장점이 있다. 여기에 스마트폰 등장으로 언제 어디서든 강의를 들을 수 있는 체계도 잘 갖춰진 상태며, 민간자격증 시장, 강사양성 시장 등 양과 질 모든 면에서 강사 시장은 확대되고 있다. 또한 과거보다 강의 콘텐츠 시장도 점점 확대되었다.

기존 CS, 리더십, 팀빌딩, 4대 의무교육 같은 산업 강의는 물론 대학생, 중고생을 대상으로 학습, 진로, 직업 강의가 성행했다. IMF가 터지며 시작된 자기계발 강의와 비슷한 시기 인기를 끌었던 웃음치료와 레크리에이션 강의가 시대를 주도했다. 이후 2000년대 초반에 불기 시작한 힐링, 치유 강의, 나이별로 대표되는 청춘, 마흔, 30대 여성 등 자기구제自己救濟식 강의, 스토리를 기반으로 하는 자전적 스토리텔링 강의가 사람들의 주목을 받았다. 그리고 몇 년 전부터는 자기계발과 융합된 인문학 강의 등 범위가 확대되었다. 강의 시장 확대를 이끈 건 언론에 등장한 스타강사와 1인 미디어로 퍼스널브랜딩을 꾸준히 했던 전문 강사의 활약이 있었다.

강의, 강사 제로창업은 비즈니스 모델 특성상 종사자 수를 정확히 파악하기 힘들지만, 강사 수는 대략 200만~250만 명으로 보는 것이 업계 중론이다.

고용이 불안한 환경에서 정년도 없으며, 진입 장벽도 낮고, 창업자본이 거의 들지 않는 강의, 강사로 제로창업은 더욱 늘어날 것으로 보인다. 여기에 전업으로 강의, 강사를 하지 않아도 투잡이나 일회성 강의도 늘어날 예정이다. 강의 시장의 규모나 질이 확대되는 건 자명하다. 하지만 진입 장벽이 낮고, 창업비용이 들지 않는다는 점에서 신규 진입자는 계속 늘어난다. 새로운 콘텐츠로 무장한 신규 진입자가 늘어나면 출혈경쟁은 피할 수 없다.

밝은 전망과 어두운 전망이 공존하는 강사, 강의 제로창업에서 '내가 좋아하는 강의 콘텐츠를 얼마나 청중 입맛에 맞게 풀어내느냐'와 진입 장벽이 낮아 '전全 국민 강사시대'에 퍼스널브랜딩으로 강의를 들어오게 하는 문제에 직면한다. 또한, 1인 기업 개념을 벗어나지 못하는 개인연구소를 확대하는 문제도 제로창업에서 중요한 문제가 될 전망이다.

강사, 강의로 제로창업 할 때 자본과 영업력에 한계가 있어 전문 강사를 채용하고 창업하는 경우는 드물다. 우선 창업자가 직접 강의하고 서서히 확대하는 방향이다. 확대과정에서 1인 기업으로 프로젝트 형태로 일하거나, 인력 확대를 통해 범위를 확장하는 때도 있다. 일단 시작은 창업자가 직접 강사로 뛴다는 공통점이 있다. 강의할 줄 알아야 1인 기업, 확장이 가능하다.

강의, 강사를 시작할 콘텐츠는 크게 두 가지로 나누어진다. 직접 경험하고 성과로 낳은 '성과기반형'이 있고, 연구와 공부를 통한 '연구기반형'이 있다. 성과기반형은 말 그대로 내가 이루어놓은 성과로 강의한다. 자전적 스토리텔링형식 강의가 주류를 이룬다. "시원하게 말아먹었습니다"로 운을 띄우고 강의를 하는 지인 Y 강사가 있다. 20대 중반부터 기술제조로 창업해서 승승장구했지만, 인력관리와 재무관리 실패로 사업을 정리했다. 나이에 비해 감당하기 힘든 빚을 지고, 지금도 갚아나가고 있지만, 그는 경험을 자산으로 강의한다. '최연소로 창업해서 얼마나 벌었다', '연 매출 얼마에 성공하고 있다' 등 성공방법만 주류를 이루는 창업 강의 속에서 그의 실패 경험인 성과기반형 강의는 인기를 끌고 있다.

이런 성과기반형 강의는 여러 곳에서 볼 수 있다. 이혼경험을 솔직히 털어놓고 극복과정을 단계로 나누는 치유 강의, 대기업에서 인사담당자로 수천 명을 채용했던 경험으로 채용담당자 입장 강의, 부동산 투자로 수익을 올려 노하우를 공유하는 강의 등을 볼 수 있다.

연구기반형 강의는 최근 인기를 끌고 있는 인문학 강의를 생각하면 쉽다. 문文, 사史, 철哲에서 누군가 쓴 책과 자료, 역사적 사실을 공부해서 청중 수준에 맞게 풀어낸다. 연구기반형은 전달 기술을 중요시하며 '시대의 키워드'를 읽고 뽑아내는 일도 중요하다.

강의에서 성과기반형, 연구기반형을 무 자르듯 나눌 수 없다. 단지 비율의 차이이며 강사의 스타일에 따라 달라진다.

필자도 강의세계에 있으면서 이곳을 객관적으로 볼 수 있는 지표가 마땅히 없다는 걸 느낀다. 그만큼 응집력도 약하고 변화가 무쌍한 곳이다. 반대로 생각하면 기회가 많은 곳이다. 대단한 학력이나 유수기업 경력, 남들이 하지 못했던 특별한 경험이 없어도 가능성이 있는 시장이다. 물론 쉽지 않다. 하지만 누구는 자신만의 스토리와 특별한 콘텐츠로 대기업 임원 못지않은 인기를 끌고 있다.

진입 장벽이 낮고, '9시~6시'를 벗어나 활동할 수 있다. 전업이 아니어도 활동할 수 있다는 장점이다. 그래서 제로창업자에게 강의는 전업이 될 수도 있고 또 다른 수입원이 될 수도 있다. 강사, 강의로 제로창업 하는 건 물론 어느 분야의 제로창업자에게 강의는 떼놓을 수 없는 필수적인 요소로 바뀌었다.

강사로
시작해서
진화하기

2000년대 들어와 베이비붐 세대의 은퇴를 앞두고 '은퇴 후' 삶을 많은 사람이 고민하기 시작했다. 가장 큰 고민은 두말 할 것 없이 은퇴자금이었다. 때를 맞춰 은행권에서도 은퇴 후를 대비한 다양한 상품이 출시된다. 언론도 은퇴 후 돈이 부족하면 일어날 일들을 알리기 바빴다. 은퇴자금에만 집중한 시기, 은퇴를 다양한 시각으로 풀어낸 강사가 등장한다. 그의 공중파 등장은 시작부터 쇼킹했다. 패셔니스트가 아니면 소화할 수 없는 빨간 구두를 신고 등장했다. 바로 '행복한 은퇴연구소' 전기보 소장이다. 그는 은퇴를 자금은 물론 행복, 일거리, 대인관계 등 다양한 시각으로 제시했다. 전기보 소장의 등장은 은퇴 분야 강의를 한 단계 진화시켰다. 강의로 유명세를 떨친 전기보 소장은 또 다른 직업으로 '술 빚는 전가네'를 창업해서 전통주를 알리고 있다. 이곳에서 전통주에 관심 있는 사람을 모아 강의를 하고 있다.

2016년에 출간된 《잘 놀 줄 아는 사람의 행복한 은퇴전략》윤춘식 지음, 위드윈 출간을 펴낸 '윤춘식 올All 통합교육컨설팅'의 윤춘식 대표는 은퇴 후 삶을 '놀아라' 하고 제안한다. 단순히 노는 게 아니라 작게라도 수익이 발생하면서 놀고, 제2의 열정을 발휘하는 곳에서 놀자고 한다. 그가 이런 제안을 할 수 있는 건 직장을 다니며 주말, 야간을 활용해 꾸준히 레크리에이션과 웃음 분야 강의를 했던 경력이 있기 때문이다. 지금은 은퇴 후 마음껏 강의하고 있다. 한발 더 나아가 교육컨설팅 업체를 시작하며 제로창업으로 안착했다.

은퇴자금만 집중한 시기, 은퇴를 다양한 시각으로 풀어낸 강사가 등장했고, 다양한 시각 속에서 은퇴 후가 삶에서 제대로 놀 수 있는 시기라 말하는 강사가 등장했다. 그리고 은퇴 콘텐츠를 바탕으로 교육기업으로 제로창업하며 활동하고 있다.

강사, 강의로 제로창업 할 때 1인 기업 형태로 강의를 시작해 사업범위를 기획 제안, 컨설팅 등으로 넓히는 공통점이 있다. 창업해서 기획 제안이나 컨설팅만 한다 해도 강의를 해봐야 담당자나 청중이 원하는 걸알 수 있다. 지금 이름이 알려진 교육기업 창업자는 일정기한 강사경력을 가지고 있거나, 현역에서 활동하고 있다.

강의, 강사로 제로창업 하기 전 강사로 입문하는 게 큰 도움이 된다. 많은 강의, 강사 제로창업자를 보면 첫 강의는 인맥 활용으로 시작한다. 지인을 통해 강의 의뢰가 들어오거나, 교육기관에서 양성과정 이수 후 강의를 준다. 첫 강의는 인맥을 통해 시작은 할 수 있어도 강의를 꾸준히 들어오게 하는 건 개인의 몫이다. 많은 강의, 강사 창업자가 강사입문에서 좌절을 경험한다.

교육기업으로 제로창업하고 자리를 잡은 P 원장은 15년 넘게 강사양성과정을 하면서 "100명 중 1년 안에 포기하는 강사는 90명이고, 이 중 10년 넘게 활동하는 강사는 1명이다"라는 말을 했다. 진입 장벽이 낮아 시작은 누구나 할 수 있지만 포기하는 이유는 일정 시간을 버틸 배짱과 인내 그리고 경제적 부분을 꼽았다.

어느 분야든 프로세계는 초보자에게 기회를 주지 않는다. 탁월한 실력을 겸비한 강사도 많은 데 초보자에게 강의를 맡길 곳은 많지 않다. 강사로서 이름을 알리고 내공을 쌓을 일정 시간이 필요하다. 그 기간은 천차만별이다. 이 기간 기름 값도 안 나오는 곳에서 강의도 해야 하고, 나와 맞지 않는 강의도 해야 한다. 그리고 아무리 바빠도 강사모임에 참석해서 자신을 알려야 한다. 기간이 길어지면 인내는 바닥나고 경제적으로 어려움을 겪게 된다. 이 시기 "실력은 무명 때 길러진다"는 사실을 알고 꾸준히 무명을 견딘 사람만이 강의, 강사로 제로창업할 가능성이 있다.

강의, 강사는 물론 모든 제로창업은 일정한 규격으로 물건을 만들어내는 공산품이 아니다. 창의력으로 새로운 걸 만들어내고, 시장에서 인정받기까지는 상당한 시간이 필요하다. 여러 제로창업 중 강의, 강사 제로창업은 이 시기가 길고 불투명하다. 언젠간 입소문이 번질 거라 믿고 활동할 뿐이다. 강사에게 마케팅도 그렇다. 큰 비용을 투자해도 효과는 일회성이다. 강의 실력이 없다면 두 번 다시 불러주지 않는다.

이 무명시기를 빨리 끝낸 강의, 강사 제로창업자는 다음과 같은 공통점을 볼 수 있다.

첫 번째는 자기만의 강의가 있다. 무명 이전에 창업단계에서 다양한 경험을 쌓기 위해 '불러주면 다한다'는 행동이 필요하다. 하지만 일정 단계가 지나면 자기만의 강의가 있어야 한다. 즉 전문성이다. '○○ 강의 하면 ○○○ 강사'처럼 전문성으로 퍼스널브랜딩을 쌓는 게 필수다. 강사 시작 전 자기만의 강의가 무엇이며, 주 타켓층은 누구인지 명확히 할 필요가 있다.

두 번째는 명함의 진실을 믿고 나간다. 첫 강의는 인맥을 통해 시작할 수 있어도 지속한다는 건 개인 능력이다. 무명인 나를 찾아와 강의해달라는 사람은 없다. 나를 세상에 외쳐야 한다. 강사가 모여 있는 곳을 찾아가 나를 알려야 한다. 그 방법의 하나가 명함 알리기다. 모 강사양성기관의 미션 중 하나는 일주일에 명함 100장 교환하기가 있다. 강사로서 어떤 강의를 하고 자신이 누구인지 알리는 일이다.

세 번째는 커뮤니티를 형성한다. 강의를 한다는 건 청중보다 조금 더 지식을 갖고 있다는 뜻이다. 조금 더 가진 지식을 카페, 블로그, 유튜브, 페이스북 등 1인 미디어로 알리고 커뮤니티를 한다. 커뮤니티를 통해 정보를 얻으며 동기부여를 받고 자신이 누구인지 알린다. 커뮤니티는 훗날 '모객, 집객'의 힘으로 바뀐다.

강사로 입문했다면 두 가지 방향에서 제로창업을 확대할 수 있다.

1. 1인 기업 방향
2. 교육기업으로 확장

둘 중 자신의 성향과 환경을 고려해서 선택하면 된다. 1인 기업 강사는 많은 부분에서 자유롭다는 게 가장 큰 장점이다. 여러 사람의 협력이 필요하면 프로젝트 형태로 기획하고, 일하고, 나누면 된다. 또한, 혼자 움직이기에 위험부담이 적다. SNS의 발달로 대기업 못지않은 마케팅도 가능하다. 《1인 기업 실무지침서》은종성 지음, 정일 출간를 집필한 은종성 비즈웹 코리아 대표는 1인 기업을 '강력한 개인의 등장'으로 칭했다. 하지만 1인 기업은 건강에 문제가 생기면 모든 게 정지된다. 그리고 모든 일을 혼자 처리하기에 업무 강도가 높으며 24시간 언제, 어디든 일할 각오가 있어야 한다. 1인 기업 강사에 관한 여러 권의 책과 양성과정이 있다. 1인 기업으로 안착하고 싶다면 참조하는 게 좋다.

교육기업으로 확장한다면 1인 기업보다 많은 일을 할 수 있다. 강의 시장에서 가장 큰 고객은 기업이다. 기업이 요구하는 다양한 교육 의뢰를 개인이 감당하기 힘들다. 교육기업은 강사, 교육자재, 프로그램, 행정 등 많은 걸 소화할 수 있으며 영업력, 환급과정, 인터넷 강의 등 확장범위가 매우 넓다. 하지만 인건비, 고정비 등 1인 기업과 비교도 할 수 없을 만큼 많은 비용이 든다. 여기에 인적관리 등 경영자로서 스트레스를 받을 수밖에 없다.

어떤 형태의 제로창업을 추구하든 강의를 직접 해봐야 시장을 알 수 있다. 일정 부분 강사경력을 쌓고 제로창업에 도전하자.

지식서비스에 만능연예인이 되겠다는 각오로

강의, 강사 제로창업 진화에서 1인 기업을 하겠다면 만능연예인이 되는 일이다. 강의만 하는 게 아니라 많은 부분을 혼자 해야 '강력한 개인'으로 1인 기업 강사가 될 수 있다. 여기에 퍼스널브랜딩 구축은 생존과 연결된다.

1인 기업 강사 세계는 부익부 빈익빈이 확연하다. 1~2시간 특강을 하는 스타강사나 명사는 인기 연예인처럼 전국 순회하듯 한 지역에서 2~3개 강의를 소화한다. 강의료 역시 평범한 직장인 한 달 월급을 넘는 경우도 많다. 스타강사는 아니더라도 기업이나 공공기관 의뢰를 받아 1일 8시간에서 주간 단위로 강의하는 기업 강사도 한 주차 또는 기수별로 강의를 진행할 때 고가의 금액으로 진행한다. 이름이 알려진 강사는 이름이 더 알려지며 더 많은 강의 의뢰를 받는다. 반대로 무명강사는 긴 시간을 낮은 강의료와 자기 강의가 아니어도 출강하며 긴 시간을 견뎌내야 한다.

혹자는 이런 강사 세계를 연예 세계와 똑같다고 한다. 인기 콘텐츠를 잡아 이른 시기에 성공했다가 자만에 빠져 있는 듯 없는 듯 사라지거나, 쳇바퀴 돌듯 자기 강의가 없이 색깔을 드러내지 못하고 사라지는 경우도 있다. 오랜 무명과 노력 끝에 빛을 보는 강사도 있다.

다양한 유형이 있지만, 강사 제로창업의 본질은 강의다. 강의를 못하면 무대 자체에 올라갈 수 없다. 하지만 그것뿐일까? 아니다. 강의 말고도 잘해야 할 일들이 많다. 강사 제로창업으로 자리를 잡은 강사들은 강의만 하고 싶다고 말한다. 그들의 일상을 보면 강의는 하나의 비즈니스일 뿐 그밖의 일들이 많다.

직원 50인 미만 복지시설 위주로 강의하는 Y 강사가 있다. 강의는 업데이트만 할뿐 핵심은 다르지 않다. 그의 비즈니스는 교육비 환급과정을 모르거나, 알아도 복잡한 행정과정으로 지원받지 못하는 복지시설을 찾아가 영업한다. 복지시설에서 서비스마인드 교육을 영업하면서 교육구성, 강사 섭외, 환급과정 등 모든 과정을 혼자 컨설팅한다. 사업주는 자기 돈이 들지 않고, 복잡한 행정업무를 하지 않으면서도 직원 교육을 할 수 있어 여러 가지 장점이 있다. 복지시설 한 곳이 끝나면 소개를 통해 다른 시설로 영업하러 간다. 관심을 보이면 행정문서와 강사 구성을 시작한다. Y 강사에게 강의는 업무의 한 부분일 뿐이다.

강의, 강사 제로창업자 중 강의만 하는 사람은 없다. 누굴 통해서 또는 직접 개척하며 영업을 한다. 그리고 강의 관련 부수적인 많은 일을 직접 한다.

강사 직업은 화려한 부분이 많다. 무대가 주는 카타르시스와 시간도 자유롭고, 눈치 주는 상사도 없다. 일정 수준 올라가면 금전적인 부분도 부족하지 않게 된다. 하지만 조직의 보호를 받지 못하고, 영업이 저조하면 바로 타격을 입는다. 생활에 일정부분 지출이 있다면 괴로운 일이다. 강사에게 강의는 본질이지만, 전부가 아니다. 한 부분을 차지할 뿐이다. 강의 외에 많은 일을 직접 할 각오가 있어야 한다. 전문 강사는 만능연예인이 되는 일이라는 사실을 기억하자. 다양한 일을 혼자 하는 만능에다 전문성까지 요구하는 추세다.

2000년대 초반 참살이웰빙 키워드가 온 국민을 휩쓸었다. 돈을 더 많이 벌기 위한 팍팍한 삶보다 부족해도 여유있게 살자는 취지다. 비슷한 시기 레크리에이션을 발전시킨 웃음치료, 웃음경영 등 참살이 이름의 웃음 강의가 인기를 끌기 시작했다. 웃음과 관련한 전문가 수준의 강사도 다수 존재하지만, 동영상만 보고 민간자격증을 이수해 강의하는 강사도 있었다. 하지만 시간이 지날수록 단순히 웃는 강의로 끝나며 청중을 실망하게 했다. 그 후 인기를 끈 강의는 '청춘' 강의였다. 청춘 강의는 강사업계는 물론 출판과 미디어에서 동시에 다루며 폭발적인 인기를 끌었다. 모 교수의 책과 강의가 견인차 역할을 했다. 오랜 취업난과 등록금 등으로 힘들어하는 청춘에게 위로와 희망을 주자는 메시지였다. 하지만 구체적이지 못하고 막연한 희망과 기존 제도권을 바꾸지 않고 '청춘들은 꿈이 없다'는 메시지만 남겼다. 강사들 역시 자전적 성공스토리를 풀었지만, 공감을 끌어내지 못했다. 결국, 청춘 관련 강의가 '꿈팔이 강사, 청춘팔이 강사'라는 비난을 듣고 만다. 청춘 키워드가 휩쓸고 간 후 30대, 40대 연령별 맞춤 강의도 유행했다. 연령별 강의 역시 구체적이지 못한 막연한 희망과 기존 제도권의 문제를 개인에게 전가하는 등의 대안 부재 내용이 비난을 받았다. 강의도 자전적 성공스토리가 주류를 이루었다. "나도 했으니 당신도 할 수 있다"라는 논리는 점점 신뢰성을 잃고 있다.

지금은 인문학 강의가 열풍이 불고 있다. 그동안 꿈, 부자, 열정 등의 성공 관련 키워드가 주류를 이루었다. 굳어진 부의 대물림과 사라져가는 성공의 사다리로 자기계발에 많은 실망과 배신을 느끼면서 보다 근본적인 물음을 찾기 시작했다. 하지만 자기계발 강의에 인문학 강의로 덧칠한 일부 강사들로 인해 비난을 받고 있는 형국이다. 강사로 활동하기 위해 만능을 요구하는 동시에 강의에는 전문성과 실질적 테크닉을 요구한다.

강사, 강의 제로창업은 진보와 비난이 함께 있었다. 대중을 상대로 하는 일이다 보니 어쩔 수 없다. 하지만 일반사람이 강의에 노출되는 횟수가 늘어나면서 자전적 스토리로 막연한 희망을 주는 강의보다 오늘 당장 사용할 수 있는 실용적 강의가 필요하다. 또한 전全 국민 강사시대가 열리면서 강사의 전문성과 공신력을 과거보다 많이 따지기 시작했다. 신규 진입자가 늘어나면서 생기는 현상이다.

미디어에 많이 나오는 몇몇 스타강사처럼 자신의 스토리만 말해서는 설 자리가 줄어든다. 강의, 강사 제로창업을 하겠다면 전문성과 공신력을 먼저 고민하자.

전문성과 공신력은 유명학교 졸업이나 화려한 경력을 요구하는 건 아니다. 오랫동안 한 방향으로 꾸준한 강의와 연구를 했다면 전문성과 공신력이 생긴다. 그 결과를 저서 출간, 언론 출연 등 퍼스널브랜딩과 맞물려 진행할 수 있다.

앞에도 이야기했듯 강사로 입문하는 방법의 하나인 강사양성과정은 정말 많다. 배울 의지만 있다면 방법은 많다. 반대로 강의 1인 기업을 시작하기 전 방향을 미리 정하지 못하면 이리저리 흔들릴 수밖에 없다.

"미래를 예측하는 것보다 미래를 만드는 게 더 쉽다"라는 말이 있다. 어느 강의 콘셉트든 내가 만들겠다는 의지만 있다면 비전은 있다. 지금 어딘가는 새로운 강의 콘셉트를 누군가의 의지로 만들어지고 있다. 흐름을 따르는 것도 방법이지만, 흐름을 만드는 일도 가능한 게 강의, 강사 제로창업의 특징이다.

언론에 종이비행기 국가대표로 알려진 이정욱 위플레이 대표는 일반적으로 알고 있는 전문성과 공신력이 아닌 자신만의 꾸준함과 열정으로 모두가 인정하는 전문성과 공신력을 갖고 있다. 그는 학교는 물론 기업체, 강의컨설팅 업체와 콜라보 강연 등 바쁜 나날을 보내고 있다.

강의 1인 기업은 어느 분야든 비전이 있다. 자기만의 강의와 만능연예인이 되겠다는 각오로 흐름을 만드는 제로창업자로 무대에 올라 마이크를 잡아야 한다.

강의를 넘어 교육기업으로 승화하라

과거 일자리 공식은 직장은 안정, 사업은 모험이었다. 직장도 모험, 사업도 모험이 된 작금의 상황은 고용불안이 낳은 현실이다. 직장도 모험, 사업도 모험이지만, 위험성을 따지자면 사업이 훨씬 위험하다. 조금만 실수하면 사업자는 물론 직원 그리고 가족들까지 피해를 본다. 직원은 다른 곳으로 떠나면 끝이지만, 사업자는 모든 책임을 떠안아야 한다. 그렇다고 위험성 대비 높은 수입을 가져가는 것도 아니다. 경영하며 발생하는 각종 비용과 올라가는 인건비 때문에 손에 들어오는 수입은 많지 않다. 모임에서 모 CEO는 "사업을 하면 부자가 되는 게 아니라 부처가 된다"라고 말했다.

필자가 제로창업을 시작했던 시절. 비슷한 처지에 있는 사람끼리 모여 지역 유명기업을 방문했다. 특화된 제품으로 세계 3위의 생산성과 기술력을 가지고 있는 회사였다. 공장 견학 후 회사대표의 강의가 있었다. 회사대표는 우리가 창업했거나, 창업을 준비하는 사람인 걸 알고 창업에 관해 이야기를 풀어냈다. 대표의 첫 마디가 아직도 귀에 맴돌고 있다. "여러분 사업하지 마세요. 좋은 회사 있다면 회사에 들어가는 게 행복합니다"로 시작했다. 대표는 창업자로서 끊임없는 고난을 강의로 풀어갔다. 패기가 넘치는 초보창업자로서 이해할 수 없었다. 강의를 듣는 내내 세계 3위로 올려놓기까지 힘든 과정을 푸념한다고 생각했다. 차츰 1인 기업에서 사업으로 확장하기 위해 영업문제와 인건비로 하루하루 위태롭게 지내는 날이 늘어났다. 지금은 대표의 강의를 전적으로 동의하는 건 아니지만, 공감 가는 부분이 사실 많다. 그만큼 혼자 모든 걸 해결하는 1인 기업도 어렵지만, 조직을 이끄는 사업은 더욱 어렵다는 걸 느낄 수 있다.

정기적으로 하는 CEO 조찬 모임에도 비슷한 강의를 청강한 적이 있다. 이름이 알려진 교육회사 CEO 강의다. 교육하는 기업으로 CEO는 직원에게 배움을 강조하며 시스템도 잘 갖춰진 상태였다. 강의 마무리쯤 이렇게 교육을 해도 직원 때문에 힘들다며 혼자 강사로 활동하고 싶다는 심정을 이야기했다. 농담조였지만, CEO 모임이라 많은 참석자가 공감하는 눈치였다. 많은 CEO가 조직 관리에 대한 고민이 많다.

조직을 이끈다는 건 상상하지 못할 어려움이 많다. 특히 교육회사는 사람이 많은 일을 이루기에 인건비가 절대적이다. 그리고 노력과 정성을 투자해서 배신하는 유일한 존재는 사람뿐이다. 정성을 들였지만, 언제든 떠날 수 있다. 경영자는 이런 부담을 안고 갈 수밖에 없다.

교육기업의 조직화는 부담이 된다. 하지만 동시에 조직은 큰 시너지를 낼 수 있다. 1인 기업 프로젝트 형식으로 강사들이 모여 강의를 나간다 해도 1인 경영으로 펼칠 수 있는 건 한계가 있다. 강의를 위해 모였다 다시 해체하고 끝난다. 1인 기업시대에 프로젝트 형식의 조직이 뜬다지만, 조직을 가진 회사를 이길 수 없다. 조직은 판板을 펼칠 수가 있으며, 업무처리 역시 유기적으로 할 수 있다. 규모가 큰 기업은 특강강사를 제외하고 교육컨설팅 업체 입찰에서 조직 유무를 꼭 따지는 경우를 보게 된다. 조직의 유무는 마케팅 자체에서 큰 시너지도 낸다.

1인 기업 강사와 교육기업 확장은 어느 것이 정답이라 말할 수 없다. 어디나 본인성향과 꿈에 달렸다. 분명한 건 둘 다 장단점이 있고, 강사, 강의 제로창업의 본질인 강의는 떠날 수 없다는 사실이다.

제로창업의 기본 원칙은 최대한 작게 시작하기다. 강의, 강사 제로창업도 최대한 작게 시작한다. 그리고 시간이 쌓여 생존을 넘어서면 1인 기업으로 남을 것인가, 교육기업으로 성장할 것인가 결정해야 한다. 교육기업으로 성장하겠다면, 강의보다 어디로 확장방향을 정할지 결정해야 한다. 확장방향은 사업의 정체성과 전문성을 만들 수 있다.

새로운 콘텐츠로 1인 기업 강사에서 창직교육회사로 진화한 창직교육센터 임한규 대표가 언론에 소개되었다. 임한규 대표는 남들이 알아주는 학력이나 경력을 가진 건 아니다. 32살에 부사관 전역 후 취직을 하려고 했지만 취업의 문턱은 높았다. 좌절하기보다 평소 인테리어에 관심이 있어 인테리어를 공부하던 중 공부환경조성전문가 1호라는 직업을 창직創職했다. 새로 생겨난 직업으로 처음에는 쉽지 않았다. 노력 끝에 학부모에게 인정을 받고 입소문이 나기 시작했다. 직업의 희소성으로 언론 인터뷰, 강의기회가 주어졌다. 공부환경조성전문가로 자리를 잡아갔다. 임 대표는 여기에 만족하지 않았다. 창직의 비전으로 보고 창직 교육이 언젠가 활성화될 것으로 생각했다. 그래서 창직의 길을 터주기로 마음을 먹는다. 방향을 잡은 것이다.

방향이 잡히고 창직에 필요한 다양한 요소를 갖추기 시작했다. 창직여행 보드게임, 창직카드, 직무카드, 창직진로설계 등을 만들고 학교를 통해 강의를 시작했다. 강의 시장에 창직 관심이 높아지자 교육과정 신설과 지도자 양성을 시작했다. 2016년 언론 인터뷰에서 창직지도사 450명을 배출했고 창직교육을 받은 학생수도 2만 5,000여 명에 달하고 있다. 그리고 지역별로 센터장을 임명하며 창직교육회사로 이름을 알리고 있다. 지금도 홈페이지에는 실시간으로 창직네임과 출강학교가 올라오고 있다.

임 대표는 '창직'과 '청소년교육'이라는 확장방향이 명확했다. 방향에 따라 필요한 자격증, 양성과정 등을 준비할 수 있었다. 기업교육으로 발전할 때 전 국민을 대상으로 하겠다는 기업교육은 어중이떠중이가 될수 있다. 정확한 방향은 낭비를 줄이고 기업브랜드 확립에 도움이 된다.

기업교육으로 발전할 때 명확한 방향을 위해 주 수익을 고려해야 한다. 다음은 기업교육에서 볼 수 있는 수익구조 중 몇 가지를 소개하겠다.

1. 정부지원교육 고용노동부, 교육부, 지자체 등에서 시행하는 교육을 시행하는 방법이다. 주로 입찰방식으로 진행하며 각 홈페이지 및 공고를 통해 지원할 수 있다.

2. 비즈니스 스쿨 기업, 공공기관에서 실시하는 업무역량 강화, 인문학, 어학 등 이러닝을 중심으로 사업을 진행한다. 직접영업 방식과 입찰 방식 등 다양하다.

3. 교육컨설팅 기업, 공공기관에서 직급별, 부서별, 프로젝트별 다양한 교육을 컨설팅한다. 강의제안서를 먼저 발송하거나 의뢰기관에서 요청한 강의를 만들어 제안한다.

4. 자격증 발급 일정 교육을 통해 자격증 발급을 한다. 사람을 직접 모으는 방식으로 진행하며, 자격증 등록, 발급 등 시스템이 잘 갖춰진 상태다.

5. 강사 중개 강사리스트를 확보하고 리스트 강사 중 의뢰가 들어오면 수수료를 받는 방식이다.

교육기업은 강사와 마찬가지로 진입 장벽이 높지 않다. 교육 서비스업으로 등록하면 누구나 시작할 수 있다. 하지만 살아남는 것은 다른 차원의 문제다. 명확성과 전문성이 필요하다. 교육기업은 어느 직업보다 사명감이 있어야 한다. 교육은 타인에게 미치는 영향력이 크기 때문이다. 명확성과 전문성 그리고 사명감을 갖춘다면 교육기업으로 안착할 수 있다.

제 5 장

손재주와 소통능력이 있다면

— 공방 창업

3D프린트 시대,
'금손'으로
제로창업 한다

인터넷에 유행하는 용어 중 하나가 '금손'이다. 공식적인 정의는 없지만 무언가를 잘 만드는 손을 지칭한다. 자주 방문하는 인터넷 커뮤니티에 취미로 프라모델, DIY, 그림, 네일아트 등을 올려놓으면 네티즌이 '금손, 은손, 동손'을 판단해준다. 조악한 수준부터 전문가 못지않은 작품들도 볼 수 있다. 종종 네티즌 리뷰에 "살 수 있나요? 메일주소는……." 등의 글이 올라온다. 전문디자이너가 첨단소재를 넣고 대량생산으로 가격이 낮은 제품이 많은 세상에서 사람들은 개성적인 디자인과 특별한 스토리를 입힌 제품의 사진만 보고도 돈을 낼 의향을 보인다.

2010년을 전후해서 미래산업 먹거리로 3D프린트가 대대적으로 홍보

되었다. 3D프린트로만 만든 비행기가 비행에 성공했고, 화성을 테라포밍행성개조할 때 3D프린트면 충분하다는 등 극찬이 쏟아졌다. 미국 오바마 대통령까지 나서서 3D프린트가 제조업의 혁명이 될 거라 외쳤다. 우리나라도 뒤처지면 안 된다는 생각에 정부는 많은 지원을 약속했다.

시간이 흐른 지금 열기는 예전 같지 않지만, 제조업 분야에 한 축을 차지하고 있다. 3D프린트가 전통·제조업을 위협할 때 아이러니하게도 손으로 만든 핸드메이드에 관심이 늘고 있다. 네이버 데이터랩에서 '공방'의 검색은 매년 꾸준히 증가하고 있으며 국내 핸드메이드를 전문적으로 거래하는 사이트 '아이디어스'도 성장하고 있다. 아이디어스는 첫 거래량이 76만 원에서 2016년 1월에는 월 매출 8,000만 원 작가를 배출했고 2017년 5월에는 누계거래량 300억을 달성했다. 분초를 다투는 첨단의 제품이 쏟아지는 세상에서 조금 느리고, 투박하더라도 손으로 만든 제품을 사람들은 찾고 있다. 그리고 구매를 넘어 직접 만들고 싶어 하는 경향이 뚜렷하다. 이런 수요를 충족시키기 위해 공방 곳곳에는 수강생 모집 홍보를 볼 수 있다.

'호모 파베르'란 말이 있다. '도구인간'이란 뜻으로 인간의 본질은 도구를 사용하고, 제작하며, 도구와 제작한 물건에 자신을 투영한다는 의미다. 손도 사용하지 않고, 도구를 사용하지 않아도 제품을 만들어낼 수 있는 세상에 핸드메이드를 찾는 건 사람의 본능이라 볼 수 있다. 여기에 대중 속에서 개성을 표현하고 싶은 '나만의 것'에 대한 욕구와 SNS의 전파력으로 핸드메이드가 관심을 증가시켰다. 그곳에서 아이템 공방 제로창업이 존재한다.

공방 제로창업은 한 곳에서 '판매-교육-작업공간'을 해결한다. 초기비용을 가지고 있다면 매장을 오픈할 수 있지만, 집에서도 창업할 수 있다. 공방 제로창업은 다른 제로창업보다 취미로 시작해 창업까지 이어지는 경우가 많다.

공방 제로창업의 아이템은 옷, 액세서리, 가죽제품, 인형, 향초, 비누, 나무 소품, 생활용품, 도자기, 조화, 수제 케이크, 잼, 조미료, 빵 등 다양하다. 수많은 아이템 중 나에게 맞는 것을 찾는 게 우선이다. 공방 제로창업은 아이템별로 초기모습은 천차만별이다. 만약 나무 소품으로 창업한다면 일정규모의 작업 공간, 나무 그라인더, 집진장치 등 큰 설비가 필요하다. 자신이 원하는 아이템과 현재 자본 상황을 객관적으로 판단할 필요가 있다.

아이템을 찾을 때 내가 좋아하는 핸드메이드가 고객도 좋아할 거라는 착각에서 벗어나는 게 아이템 선택의 시작이다. 시작은 취미일지 몰라도 창업은 다른 차원의 문제다. 아이템을 고객이 구매할 수 있는 전문적인 제품으로 만들어내야 한다. 공방 제로창업 원고를 준비하며 만난 창업자들이 강조하는 부분이 있다. 바로 취미와 사업에 대한 구분이었다. 심지어 아이템 선정보다 중요한 것은 자신이 취미로 끝낼지, 창업으로 나아갈지 구분하는 것이라고 말한다.

공방 제로창업은 물론 모든 제로창업에서 취미와 사업의 구분만큼 어려운 일도 없다. 가장 좋은 방법은 시작하는 것이다. 일정 기간과 목표를 정해서 목표달성을 못 했을 때 빠지는 게 일이다. 하지만 시간과 비용에서 손해가 많아 쉬운 방법은 아니다. 이런 고민을 해결할 방법으로 필자가 줄기차게 이야기하는 게 있다. 바로 "창업 전 일정 수입을 올려본 경험을 해라"이다. 일정수입을 올리면서 취미로 끝낼지, 사업으로 시작할 수 있을지 판단할 수 있다. 수입을 올려본 경험은 제로창업 할 때 큰 경험자산이 된다.

향초, 캔들로 창업한 M 대표는 공방 제로창업을 망설이는 사람들에게 과감한 도전을 이야기한다. 꿈과 희망 같은 막연한 도전이 아니라 준비를 마친 상태에서 망설이면 절대 창업할 수 없다는 조언이다. M 대표가 조언하는 공방 제로창업 준비는 크게 3가지다.

첫 번째는 발품을 팔아 값싼 원재료 구매처를 확보하는 것이다. 값싼 원재료는 가격경쟁력과 수익을 개선할 수 있다. 자격증 양성과정, 창업자과정 등을 이수해도 값싼 원재료 구매처를 알려주지 않는 경우가 많다고 한다. 스스로 찾아야 한다. 어느 아이템이든 원재료를 파는 시장이 모인 곳이 있다. 값싼 원재료를 파는 가게를 찾기 위해 발품을 팔고 신뢰를 쌓아야 한다. 대량구매가 어렵더라도 소량구매하며 신뢰를 쌓는 방법을 찾아야 한다고 조언한다.

두 번째는 리사이클에서 버틸 자본이 필요하다. 공방 제로창업은 '원재료 구매-제작-판매-원재료 구매' 사이클이 반복된다. 처음에 남는 것이 많지 않다는 뜻이다. 원재료도 대량구매 해야 수익을 개선할 수 있는데 처음에는 한계가 있다. 짧게는 6개월 정도 버틸 자본이 있어야 한다는 조언이다. 이 자본 안에는 운영비는 물론 본인 인건비도 포함되어야 지치지 않고 활동할 수 있다.

세 번째는 창의력을 뽑아낼 수 있는 능력이 필요하다. 고객은 새로운 걸 원한다. 공방은 그 주기가 매우 짧다. 그리고 뜨는 아이템이 있다면 빠르게 복사할 수 있다. 창의력을 설계하는 걸 넘어 제품으로 뽑아낼 수 있는 능력이 필요하다. 새로운 제품을 디자인하고 생산할 수 있는 아이디어 원천과 열정을 준비하고, 지속해서 충전이 필요하다.

M 대표는 공방 제로창업에서 손기술은 기본이라 말한다. 손기술이 없다면 시작부터 하지 못한다. 하지만 몇 년 전부터 핸드메이드 관련 기계와 매뉴얼이 늘어나면서 손기술 없이도 가능하다고 말한다. 이런 환경에서 공방 제로창업으로 성공하기 위해선 창의력이 중요해지고 있다. 고객이 원하는 물건을 싫증 나지 않는 주기로 만들어내는 능력을 강조한다.

공방 제로창업은 다른 지식서비스 제로창업과 달리 상像이 존재하고, 오감을 느낄 수 있다. 그렇다고 오감만 좋아서는 판매할 수 없다. 물건에 스토리를 입히고, 경영지식이 상당 부분 차지하며 고객을 설득할 수 있는 지식 분야도 포함되어 있다. 창의력은 지식이 있어야 나온다. 공방 제로창업도 지식, 경험, 노하우, 기술을 물건으로 표현하는 제로창업이다.

마케팅과 판매
그리고
솔직한 욕망

스피치 강사이자 《전창현의 말하기 절대법칙》전창현 지음, 원앤원북스 출간의 저자 전창현 대표가 있다. 전창현 대표는 또 다른 직업 카페 운영자다. 2016년에 《나는 1년에 카페를 3개나 열었다》전창현 지음, 평단 출간를 출간하며 짧은 기간에 매장을 3개나 오픈했던 노하우를 공개했다. 책의 첫 메시지는 "내 카페에서 책 읽고 싶은 당신, 낭만부터 버려라"다. 책에는 낭만을 버리고 지금 각오에 10배로 무장하라고 조언한다. 책에는 낭만이 아니라 디테일한 현실이 잘 나와 있다. 이런 단단한 각오가 있기에 하나도 어려운 매장을 3개나 운영할 수 있는 것 같다. 공방 제로창업도 비슷하지 않을까?

적게 벌더라도 모두가 바쁜 출근 시간을 피해 매장을 열고 좋아하는 물건을 만들어 인터넷에 올린다. 손님이 없거나, 교육이 없는 날에 어디로 떠나는 낭만을 생각할 수 있지만 정말 낭만일 뿐이다.

인터뷰로 만나본 공방 운영자들은 직장인보다 더 많은 시간을 일하고, 주문이 있다면 주말을 반납하는 경우가 허다하다. 최근 인증제품이 중요한 시기라 신중해야 할 일들이 너무 많다고 한다. 고정비, 변동비는 늘 죄어온다. 그래서 공방을 시작하기 전 기업가정신이 중요하다고 말한다. 여기에 현실적인 문제를 하나 더 추가해야 한다. 바로 돈에 대한 솔직한 생각이다. 좋아하는 일로 창업을 할 수 있어도 돈을 벌어야 한다. 그래야 웃으며 일할 수 있다. 적게 벌더라도 고정비, 변동비, 본인 인건비는 벌어야 공방이 운영된다. 사업의 목적은 이익창출이다. 이익창출을 심도있게 고민하고, 치열하게 생각해봐야 한다.

공방 제로창업의 수익은 크게 5가지로 나누어진다. 매장판매, 온라인판매, 프리마켓, 대행판매, 강의교육으로 이 중 강의교육은 시장이 크게 확장하고 있어 따로 다루기로 하겠다.

• **매장판매** 창업비용이 1천~5천만 원이 초기자본이 든다. 제로창업 개념을 벗어나지만 최근 정부기관, 지자체에서 매장오픈을 지원해주는 경우가 있어 제로창업이 가능하다. 최근 인기를 끌고 있는 셀프인테리어가 가능하다면 비용을 대폭 낮출 수 있다. 매장판매는 고객과 직접 접촉한다. 고객 수요파악은 물론 강의교육 홍보, 커뮤니티 형성에 유리하다. 유동 인구가 적은 곳에 있었다면 일정 커뮤니티를 형성하기 전까지

매장판매는 저조할 수밖에 없다.

　매장판매의 경우 공방을 살롱으로도 바꿀 수 있다. 공방은 회전율이 빠른 매장이 아니다. 고객과 대화나 고민상담도 할 수 있다. 창업자의 인간적인 매력 부분도 큰 몫을 차지한다.

　•**온라인판매** 공방 제로창업자에게 필수를 넘어 생존과 직결된 판매 방법이다. 집에서 시작한 공방 제로창업자들이 수익을 올리는 곳이기도 하다. 누군가는 온라인 홍보, 판매를 "안 해본 것 빼고 다 해봐야 한다"고 조언한다. 그만큼 중요함을 넘는 업무다. 온라인 판매 기법에 관한 책이나 강의가 많아 참조하면 좋다. 온라인 판매를 시작하기 전 사업자등록과 통신판매업 신고가 꼭 필요하다. 이 등록이 없이 판매하면 불법이다.

　온라인은 다양한 채널이 있다. 보통은 내 아이템에 맞는 채널을 선택해 집중 홍보하고 나머지는 링크를 걸어 유입을 시키는 방향으로 운영한다. 블로그 등 다양한 채널 운영이 어렵다면 전문가에게 의뢰하는 것도 방법이다. 하지만 공방 제로창업자들은 초기에는 직접 온라인 판매를 운영해봐야 한다고 조언한다. 시장 감각도 익히고, 고객 커뮤니티를 할 수 있기 때문이다. 일정 시간이 지나고 홍보대행업체를 찾는다면 창업자는 제작에만 집중할 수 있다. 비용은 옵션별로 있다. 의뢰업체의 포트폴리오를 보고 판단하면 된다.

　온라인 판매는 이미지가 생명이다. 직접 만져볼 수 없으니 이미지가 대신해야 한다. 이미지를 찍을 때마다 외부에 맡길 수 있지만, 비용이 든다. 이미지를 프로처럼 찍기는 어렵더라도 일반인 안목에 들게 수준 높게 찍는 일은 배우면 가능하다.

• **프리마켓** 개성 있는 제품이 판매자와 고객이 만나는 곳이다. 포털사이트에 '프리마켓'이라 검색하면 시간, 장소, 콘텐츠 등 정보를 얻을 수 있다. 프리마켓의 장점은 고객의 니즈가 핸드메이드와 맞아떨어진다는 것이다. 똑같은 제품보다 개성 강한 제품을 선호하는 고객이 많다. 반응이 좋은 판매대는 완판이 가능하고, 창업자가 다양한 제품을 구매하거나 교류함으로 새로운 아이디어를 창출할 수 있다. 하지만 이동, 판매 등 체력소모가 크고, 하루 장사 개념의 판매자도 많아 제품 이미지가 함께 떨어지는 경우가 있다. 하루 장사와 다른 나만의 홍보법을 고민해야 한다.

• **대행판매** 온라인, 오프라인 둘 다 있다. 일정한 수수료를 지급해서 판매를 대행해준다. 온라인은 홍보와 결제까지만 대행하고 나머지 포장, 배송은 직접 해야 한다. 인터넷에 홍보가 어렵다면 온라인 대행판매도 추천한다. 오프라인은 멀티브랜드 스토어편집매장가 주를 이룬다. 여러 브랜드를 동시에 판매하는 매장으로 다양성과 희소성을 동시에 추구한다. 국내는 대기업은 물론 다양한 업체가 전국에 입점되어 있다. 공방 제로창업자들은 멀티브랜드 스토어를 무작정 늘리기보다 콘텐츠와 고객층이 맞는 곳을 집중적으로 공략하라 조언한다. 특히 체계적으로 관리하는 스토어를 제외한 영세한 스토어는 재고관리, 품질관리에 미흡한 경우가 있어 낭패를 볼 수 있다.

이외에 행사장 판매, 이동식 판매, 박람회 참가 등 더 많은 방법이 있다. 제품의 창의성과 품질은 물론 창업자는 판매에 욕심이 있어야 한다. 팔지 못하면 취미일 뿐이다.

판매의 차별화를 위한 전략도 필요하다. 대표적인 방법이 제품 나누기다. 유아용 옷을 만드는 C 대표는 일상 옷과 행사 옷으로 판매한다. 부모는 아이 옷이 금방 작아져서 아까워하지만, 만약 행사가 있다면 자신의 아이를 주인공으로 만들고 싶어 한다. 때문에 큰돈도 기꺼이 지불한다. 제품을 나누면서 판매를 차별화시킨다. 향초, 캔들을 만드는 M 대표는 대량으로 싸게 구매한 원재료를 소량으로 판매하는 방법으로 시장을 넓히고 있다.

모든 게 넘치는 과잉공급시대다. 인터넷에 공방 제품은 차고 넘친다. 이 중 내 물건을 판매하는 일은 쉽지 않다. 그래서 마인드부터 바꿔야 한다고 말한다. 돈에 대한 솔직한 욕망을 표현해야 적극 판매할 수 있다. 상업 마인드로 무장되었다면 마케팅과 판매로 자연스럽게 이어진다.

교육, 또 다른 수입원으로 진화하다

2017년 자영업 트렌드 중 하나는 '동네스타'다. 멀고 먼 미디어 속 스타가 아니라 가까이에서 이야기하고 스타의 손길이 닿은 음식을 먹거나, 물건을 구매하는 일이다. 동네스타를 만드는 건 실력은 물론 퍼스널 브랜딩과 입소문이 있어야 한다. 동네스타는 어려운 자영업 환경에서 새로운 대안으로 등장하고 있다. 공방 창업도 이 대열과 함께한다. 공방 창업자 중 동네스타가 탄생하면 주변에 사람이 모인다. 그리고 취미, 창업, 단계별로 동네스타에게 배우고 싶어 한다.

어스름한 저녁. 도로가를 벗어난 한가한 골목에서 노란 조명이 있는 공방 매장으로 사람들이 모인다. 둘러앉아 무언가 열심히 만들고 있다.

큰 유리창을 통해 실내에서 만들고 있는 모습을 밖에서 볼 수 있다. 웃음소리도 들리고 모두 여유가 있어 보인다. 무언가를 배우는 모습이 보기에 좋다. 하지만 한낮의 공방은 한산하다.

예전보다 많이 나아지고 있지만, 아직 문화생활과 예술생활은 바쁜 현대인에게 접근하기 힘들다. 무엇보다 바쁘게만 살아온 사람에게 문화, 예술생활을 하고 싶어도 어디서 무엇을 시작해야 할지 모른다. 이런 의미에서 공방 교육은 다행스러운 일이다. 이젠 교육과 문화, 예술을 동네 가까운 곳에서 할 수 있다.

공방 교육이 매장이 있어야만 가능한 건 아니다. 공방 교육은 매장 여부보다 창업자의 실력과 스타성이 많은 부분을 차지한다. 많은 공방 제로창업자들은 집에서 교육하고 있다. 교육생이 교육생을 소개하는 구조로 집에서도 가능하다. 집에서 교육하는 경우 고정비가 적기 때문에 교육콘텐츠에만 집중할 수 있다.

공방 제로창업의 진화라 볼 수 있는 공방교육은 5가지 의미가 있다.

첫째, 새로운 수입원 창출을 들 수 있다. 일부 공방은 교육이 매출의 상당부분을 차지한다. 불안정한 직접 판매보다 안정성 있어 수입원으로 매력적이다.

둘째, 높은 부가가치가 있다. 대표가 직접 교육할 수 있어 인건비가 따로 들지 않는다. 여기에 판매, 교육시간을 탄력적으로 운영할 수 있어 부가가치가 높다.

셋째, 회원들 간에 팬덤을 형성한다. 회원들 간에 팬덤을 형성하면 교류 증가로 머무는 시간을 늘릴 수 있고, 신규 회원을 끌어올 수 있다. 또한, 회원 자체로 다양한 일을 추진할 수 있다.

넷째, 영감과 아이디어를 획득한다. 앞에서도 이야기했듯 공방 제로창업의 중요한 부분인 창의력을 수강생을 통해 얻을 수 있다. 반복으로 굳어진 영감과 아이디어를 우연한 법칙처럼 수강생이 제공할 수 있다.

다섯째, 퍼스널브랜딩과 홍보를 할 수 있다. 교육을 통해 창업자는 물론 아이템 등 다양한 직·간접적 홍보를 할 수 있다. 동네스타는 입소문으로 만들어진다. 교육생이 많을수록 입소문은 늘어난다.

공방의 교육은 제품보다 스타일과 살롱을 파는 일이다. 교육을 받을 수 있는 많은 곳 중 창업자가 가진 스타일을 배우고 싶어 한다. 스타일과 살롱도 트렌드가 필요한 시점에서 물건을 만들어내고, 그것을 교육하느냐가 중요하다. 공방 교육은 새로운 스타일 만들기를 만드는 문제에서 떠날 수 없다. 그리고 살롱은 교류의 장場을 제공한다. 여러 사람이 교류할 때는 반드시 조정자가 있어야 한다. 창업자가 교류의 장에서 조정자 역할을 해야 한다.

목조제품으로 공방을 운영하는 P 대표는 조정자 역할을 창업부터 세심하게 관리했다. 정기적인 모임과 행사, 이벤트, 커뮤니티를 관리했다. 특히 은퇴를 앞둔 시니어 회원들을 세심하게 관리한다. 지금은 지자체

환급과정으로 은퇴자 교육과정을 운영하고 있다. 사람모집도 지자체에서 해주며, 운영지원도 해주고 있다. P 대표는 조정자 역할에서 정확한 연령과 커뮤니티 관리를 강조한다. P 대표는 시니어 회원들에게는 동네 스타로 볼 수 있다.

공방 제로창업 후 교육을 시작하는 방법으로 3가지를 조언한다.

첫 번째, 문화센터, 인력개발원 등에서 먼저 교육을 해본다. 직접 만들 때와 그것을 교육하는 일은 다르다. 시행착오를 줄이고 교육생 수요를 파악하기 위해 문화센터, 인력개발원에서 먼저 해본다. 기관마다 강사를 모집하는 방법과 기간이 다르니 주의할 필요가 있다.

두 번째, 단계별 과정을 미리 만들어 놓는다. 초급, 중급, 고급 단계별 과정은 물론 창업자과정처럼 전문가과정, 촬영기법 같은 실무과정 등 다양한 프로그램을 만들자. 과정이 있다면 단계별 회원모집이 가능하며 연속성이 늘어난다.

세 번째, 교재 및 자격증 등 기본 시스템을 갖고 한다. 자기계발 전성기가 시작되면서 다양한 교육과정이 생겼다. 사람들의 수준은 상당히 높아졌다. 높아진 수준에 맞는 시스템을 갖출 필요가 있다. 강의가 아무리 좋아도 형식이 따라야 한다. 시스템을 미리 준비할 필요가 있다.

현대인의 삶에서 SNS 활동은 빼놓을 수 없는 필수적인 행위이다. 자신의 소식과 이야기를 끊임없이 올리고 인정받고 싶어 한다. 그래서 돈을 쓴다. 하지만 물건에 돈을 쓰고 인정받기에는 한계가 있다. 물건이 아닌 다른 것으로 인정받기 위해 경험에 돈을 투자해야 한다. 경험 중 하나가 자신의 것을 직접 만드는 공방 교육이다. 공방 교육은 생활수준 향상과 경험을 사는 인식이 늘어날수록 더욱 증가한다.

시장이 증가할수록 마케팅으로 무장한 사람이 등장하기 마련이다. 그리고 거품이 꺼지고 있는 듯 없는 듯 사라진다. 이런 상황에서 끝까지 가는 사람은 교육 콘텐츠가 질적으로 우수한 사람이다. 공방을 넘어 교육을 생각한다면 교육자로서 나름의 철학과 신념으로 동네스타가 되자.

공방 제로창업, '롱런'의 화두 앞에서

전통시장을 소개하는 TV 프로그램에서 수제인형과 리폼 옷을 파는 청년창업매장을 소개했다. 20대 초반 사장님은 무거운 표정으로 사회자 말에 대답했다.

"오늘 매출액이 얼마입니까?"

"1,200원이요."

"네? 12,000원도 아니고 1,200이요? 그럼 오늘 우리가 팔아주겠습니다."

사회자는 시장을 방문한 사람들 앞에서 수제인형과 옷을 판매하기 시작했다. 사회자는 "손녀라 생각하고", "딸이라 생각하고"를 외치며 판매했다. 장사가 잘되었는지 사장님 얼굴에는 잠시 화색을 돌았지만, 곧 무거운 표정을 지었다. 공방위치는 유동 인구가 적은 곳이었다. 매장판매는 불리한 곳이다. 마땅한 판로가 없어 고민이라는 말에 가슴이 아팠다.

비슷한 시기, 전통시장 청년창업에 대한 현실을 보여준 뉴스가 나왔다. 지자체에서 임대료 지원을 중단하는 1년 후 대부분 문을 닫는다는 소식이다. 장사가 그나마 잘되는 위치도 대형매장에 밀려 힘들어하는 형편에 문 닫은 가게위치에 '청년'이란 이름만 넣어 창업시키는 현실을 꼬집었다. 뉴스를 보며 하루 매출 1,200원이라 무겁게 말했던 사장님도 1년 후 어떤 모습일까 생각하면 마음이 무거웠다.

이런 현실은 전통시장에서 공방창업한 사람의 이야기만은 아니다. 일정수입이 없어 투잡하며 공방을 운영하는 창업자들을 볼 수 있다. 창의력으로 새로운 제품을 끊임없이 내놓아야 하는 형편에서 투잡을 하다 보니 집중할 수 없는 형편이다. 원고를 준비하며 만나본 공방 제로창업자 중 안정적 수익을 내는 곳은 손으로 꼽힐 정도다. 안정적 수익도 언제 경쟁자가 생겨 위협을 받을지도 모르는 형편이다.

"솔직히 20~30대 여자 중에 카페나 공방을 꿈꾸지 않은 사람이 어디 있습니까?"

양모 펠트로 공방을 운영하는 O 대표가 했던 말이다. 그나마 남편이 있으니 수입보다 아이를 보면서 무언가 한다는 의미로 운영한다고 말한다. O 대표는 기존 경쟁자도 많을 뿐더러 예비경쟁자도 많다고 설명한다. 공방의 확장개념은 매장을 넓히는 일 외에는 많지 않다고 한다. 프랜차이즈로 성공한 공방은 공방개념보다 원재료 파는 프랜차이즈가 주류라 말한다. 이 역시 부침이 심해 어려움을 호소한다. O 대표는 공방 제로창업은 돈에 의미를 두면 힘들다고 계속 강조한다.

우리나라 공방 제로창업은 '롱런'의 화두 앞에 놓여 있다. 다양한 아이디어와 제품으로 시장을 개척해야 하지만 신규시장 개척은 쉽지 않다. 그래서 기존 시장을 나누어 먹는 구조에 놓여 있다.

공방의 장점은 개성존중이다. 대량생산 물건이 가지지 못한 매력을 만들어 판매한다. 대량생산체제는 편리와 대중화, 저가의 장점이 있다. 공방은 공방의 장점과 대량생산체제의 장점을 융합할 필요가 있다. 그 시작이 종사자 간의 단합이다.

만들어내는 일에 개성은 존중하고 단합을 통한 이익 극대화를 함께 추구하는 일이다. 원재료의 대량구매가 가능하고 판로에서도 제살 깎아먹기를 방지할 수 있다. 또한 공공 부분에서 많은 사람에게 공방산업 자체를 알릴 수 있다.

신규창업자가 시장개척을 한다는 건 정말 어려운 일이다. 기존 시장의 것을 쪼개는 게 신규창업자이다. 공방은 1인 기업이 대부분이다. 혼자서 제품생산과 홍보, 시장개척을 한다는 건 어렵다. 공방창업은 진입장벽이 낮아 신규창업자가 더욱 늘어날 것이다. 시장을 쪼개는 일은 장기적으로 손해 보는 일이다. 이젠 여기저기 흩어진 공방을 모아서 힘을 기를 필요가 있다. 시장 자체를 확대하는 방법이다.

모든 아이템에는 일정한 생명 주기가 있다. 절정이 끝나면 성숙의 단계가 온다. 공방 제로창업은 성숙의 단계가 다른 아이템보다 늦다. 거품이라 보이는 현상도 뚜렷하지 않다. 어쩌면 시장이 작아서 지금이 거품일지 모른다는 평가도 있다. 어찌됐든 공방 제로창업은 성숙의 단계를 준비할 시기일지 모른다. 창업자에게 기존 경쟁자들과 규합하라는 메시지는 현실에 와 닿지 않을 수 있다. 하지만 이런 포부가 있는 창업자는 시작부터 다르다.

비슷한 일을 하는 사람끼리 규합하는 데 필요한 건 사명감과 장인정신이다. 모두 자기 일도 바쁜 상황에서 사명감이 없다면 지속하기 힘들다. 자기개성도 분명히 드러내야 한다. 사명감과 자기개성의 연결점은 장인정신이다. 공방 제로창업을 할 때 장인정신이 필요하다.

지금 공방은 대중에 들어가 도약을 할지 아니면 단순 판매와 마니아 수준에서 멈출지 갈림길에 서 있다. 신규 창업자라 해서 공방시장에 책임감이 없다고는 판단할 수 없다. 사명감과 장인정신으로 시작한다면 공방 분야에서 일가를 이룰 수 있다.

장기적인 가능성이 있는 공방 창업에서 거품으로 끝나는 게 아니라 새로운 아이디어와 신규시장 개척의 소식이 들려오길 희망한다.

제 6 장

만들어내는 사람은 정년 없이 창업한다

— 디 자 인   제 로 창 업

모든 것이
디자인
세상에서

세상에 디자인이 아닌 게 있을까? 있다. 바로 자연이다. 종교를 믿는다면 자연도 신의 디자인일지 모른다. 자연을 제외하고 지금 눈앞에 있는 모든 것은 디자인을 통해 탄생했다. 심지어 눈에 보이지 않는 생각, 관점까지 디자인하는 전문가가 있다. 지금 가까이에 있는 책을 펴보자. 이미지 배치, 표지색깔, 제목과 부제 위치, 출판사로고, 내지 디자인, 목차 배치 등 수많은 요소가 디자인되어 한 권의 책으로 탄생했다. 아파트, 책상, 노트북, 볼펜, 밥그릇 할 것 없이 누군가 디자인하지 않으면 탄생하지 않았을 것이다. 우리 삶이 요람에서 무덤까지라면 유모차에서 관棺 뚜껑까지 누군가 디자인한 것을 보고, 만지고, 느끼며 살아간다. 우리 생활에 모든 것을 차지하는 디자이너는 과거에도, 현재에도, 미래에도 영원할 수밖에 없는 직업이다.

디자이너는 보이지 않는 걸 형상화하는 사람이다. 자기 머릿속에 있는 걸 형상화 시킬 수 있고, 누군가 말과 글 또는 참고 이미지만 가지고 본인의 감각과 기술로 형상화한다. 형상화의 대가로 일정 비용을 받는다. 디자인은 회사에 소속되어 할 수 있으며 제로창업해서 혼자 할 수도 있다.

디자인 제로창업은 건축, 조선, 전자, 플랜트설비 등 특수 분야를 제외하고 전 분야에 존재한다. 진입 장벽이 존재하지 않고 디자인 기기만 있다면, 누구나 시작할 수 있다. 관련 전공자의 전유물도 아니며, 창의의 기준은 천차만별로 등수를 맺길 수 없어 누구에게나 기회가 있다. 다년간의 회사경력이 있다면 창업에 큰 도움이 될 수 있지만, 대학 졸업 후 회사경력 없이 제로창업해서 자리를 잡은 창업자도 많다. 취미로 시작해서 투잡으로 진화하고, 제로창업하는 경우도 많이 볼 수 있다.

디자인 제로창업은 수요도 많고, 공급도 많은 특성을 가지고 있다. 때문에 창업하는 프로세스나 정석이 딱히 없다. 하지만 제로창업해서 롱런하는 디자이너는 분명 차별점이 있다. 철저한 자기관리와 공정한 계약관계, 퍼스널브랜딩 등 일정 공통점을 볼 수 있다.

몇 년 전부터 기능의 평준화로 디자인의 중요성이 부각되었다. 그리고 일반인의 디자인 안목이 늘었다. 디자이너는 일반인의 늘어난 안목을 뛰어넘는 감각을 가지는 건 물론 유지해야 하는 방법을 가지고 있어야 한다.

디자인 제로창업 아이템은 무궁무진하다. 모두 열거할 수 없으니 쉽게 접근할 수 있고, 고객이 다수 존재하는 아이템 몇 가지를 소개하겠다.

• **로고 / CI&BI** 상징하는 이미지를 로고나 통합이미지인 CICorporate Identity, 브랜드별 이미지가 BIBrend Identity다. 기업은 물론 최근에는 개인도 상징이미지를 만든다. 일반인이 접근할 수 있는 10만 원 미만 가격 부터 수 천만 원 가격까지 다양하다.

• **인물 / 캐리커처** 친근한 이미지나 상징적 이미지를 위해 얼굴이나 신체 특성을 살려 표현한다. 유명인은 물론 일반인도 소장용, 선물용으로 많이 활용한다.

• **일러스트 / 그림** 일반적으로 알고 있는 그림의 개념으로 자기 색깔과 개성을 포트폴리오 시켜서 고객에게 의뢰받거나 제안을 한다.

• **POP** 매장에 필요한 예쁜 글씨를 써주거나 컴퓨터파일로 전송시킨다. POP 관련 프로그램과 일반인 교육 등 많이 활성화되었으며, 예쁜 글씨를 넘어 스티커 제작, 쇼카드 등으로 진화 중이다.

• **배너 / 상세페이지 / 웹** 인터넷에 광고, 홈페이지, 각종 웹을 제작한다. 개인사업자나 홍보가 필요한 개인이 주로 이용하며 페이지별로 금액을 책정한다.

• **만화 / 웹툰** 디자이너 인지도에 따라 가격은 천차만별이며, 본인의 색깔을 확실히 드러낼 수 있는 분야다. 디자이너에게 스토리도 의뢰하

는 경우가 많다.

• **캐릭터 / 아이콘** 상징을 나타내는 캐릭터, 아이콘을 만들어준다. 보는 사람에게 깊은 인상을 주기 위해 포인트를 잡아내는 능력과 의뢰 콘텐츠 따라 다양한 행동과 감정을 표현해야 한다.

• **PPT / 탬플릿** PPT와 탬플릿은 비전문가가 만들 수 있어도, 잘 전달하게 하는 건 다른 차원의 문제다. 글씨 크기, 배경이미지 등 다양한 요소를 조합해서 만들어준다.

• **전단지 / 홍보물 / 명함** 일상생활에서 쉽게 볼 수 있으며, 인쇄소 자체에서 디자인한다. 하지만 청첩장 같은 특별한 의미가 있는 디자인이나 전문분야는 디자이너를 찾아야 한다.

• **캘리그라피 / 폰트** 개성 있는 글씨체에 눈이 가는 건 당연하다. 영화나 드라마 제목부터, 가훈, 포스트 등 특별한 글씨가 필요할 때가 있다. 저작권만으로 수익을 올리는 경우도 볼 수 있다.

• **도면 / 3D** 간단한 제품 제작을 의뢰해도 CAD, CAM 등 도면이 필요할 때가 있다. 또한, 제품 설명에서 3D화면이 있다면 설명과 이해는 수월해진다. 개인이 프로그램을 설치하고 제작법을 배우는 시간과 비용이 많이 든다. 디자인 의뢰를 맡기면 된다.

• **누끼작업** 이미지를 살리는 작업으로 배경을 바꾸거나, 포인트를 살리는 작업을 말한다. 쇼핑몰 등 상품을 부각할 때 사용한다.

• **블로그 / 카페** 누구나 디자인할 수 있는 시스템이 완비되었지만, 눈에 띄면서 빨리 만드는 전문가가 있다. 홈페이지 대신 블로그 사용이 중

가하면서 홈페이지형 블로그 디자인을 자주 볼 수 있다.

· **포토샵** 눈이 높아진 고객에게 만족스러운 이미지를 전달해야 하는 숙제가 있다. 포토샵을 통해 높은 퀄리티의 이미지를 만들어 준다.

· **출판물 디자인** 단행본, 사보, 간행본, 잡지 등 디자인을 한다. 작업별로 금액과 기간이 천차만별이다.

디자인 제로창업으로 쉽게 접근할 수 있는 아이템을 이야기했다. 이 외 많은 디자인 제로창업이 있다. 몇몇 아이템은 유사성이 높아 함께 취급하는 경우도 쉽게 볼 수 있다.

디자인 제로창업은 쇼 비즈니스다

"돈 이야기를 못 하는 건 미덕이 아니다. 그저 모자란 것뿐."

대기업을 다니다 홧김에 회사를 그만두고 아티스트로 창업한 비정규 아티스트 밥장 대표의 책 《나는 일러스트레이터다》밥장 지음, 한빛미디어 출간에 나온 말이다. 그는 돈 이야기를 못 하겠다는 디자이너에게 현실적인 조언을 한다.

"어떤 일러스트레이터는 '저는 돈 이야기를 잘 못해요'라며 손사래를 칩니다. 자신은 무척 겸손한 사람이라는 듯 말입니다. 하지만 순진과 순수는 다른 말입니다. 돈 이야기를 못 하는 건 아직 일러스트레이터로서 경험이 부족하다고 인정하는 것이나 다를 없습니다. 제대로 된 클라이언트는 언제나 예산과 일정부터 잡습니다. (중략) 그런데 돈 이야기를 제대로 못 꺼내는 일러스트레이터를 만나 이 사람 참 순수하다고 생각할까요? 아니면 견적도 못 내는 일러스트레이터하고 끝까지 일을 잘할 수 있을지 걱정부터 할까요?"

자신이 하는 일에 정확한 가격도 매기지 못한다면 좋아하는 일을 취미로 끝내거나, 봉사차원의 금액으로 끝내야 한다. 창업한다는 건 다른 문제다. 디자인 제로창업은 금액에 대해 명확한 기준이 있어야 한다. 주문자입장에서도 명확한 금액을 제시해야 예산과 일정을 잡을 수 있다.

디자인은 무형의 것을 유형으로 만드는 일이다. 그래서 가격을 매기기 어려운 부분이 있다. 하지만 가격을 매기기 어려울 뿐이지, 정당한 가격을 제시할 수 있다. 금액이 '비싸다, 적당하다'는 주문자의 판단이다. 책정된 금액을 당당히 요구하고 최상의 퀄리티로 보여주면 된다.

디자인 제로창업은 비즈니스다. 카페에서 커피 마시며 좋아하는 그림을 그려 SNS에 올리고 '좋아요'를 받는 것과는 다른 차원이다. 비즈니스는 내가 가진 걸 금액으로 바꾸는 교환 행위다. 디자이너는 문서로 된 가격표를 미리 만들어둘 필요가 있다. 만약 가격책정이 어려워 경쟁자에게 맞추려 하기보단 인건비, 재료비, 감각 상각비 등 자체 연구를 통해 만들어야 평균의 함정을 벗어날 수 있다.

모든 제로창업이 그러하듯 디자인 제로창업도 어떻게 나를 알릴까를 고민해야 한다. 나를 알리는 방법은 모두가 알고 있다. 알고 있는 건 최선을 다해 꾸준히 하는 게 중요하다. 인터뷰한 디자이너들은 이 부분에서 솔직하라고 조언한다. 예술 한다는 착각에 빠져 자존심을 세우는 걸 경계하라는 뜻이다. 비즈니스는 일 중심으로 돌아가지, 자존심 중심으로 돌아가지 않는다. 예술자존심보다 비즈니스자존심을 세워야 한다. 비즈니스자존심은 창업자 또는 회사를 잘 알려서 일거리를 많이 받아 자존심을 높이는 일이다.

홍보를 위해 가장 먼저 할 일은 명함, 포트폴리오, 가격표, 프로필, 제안서를 미리 만들어 놓는 일이다. 포트폴리오가 적다고 낙담하지 말자. 연습개념으로 했던 디자인도 엄연히 포트폴리오다.

디자인 제로창업의 마케팅 부분에서 기존 플랫폼과 SNS 홍보 방법이 있다. 디자이너 정보를 올리면 구매자가 연락하는 플랫폼 산그림(www.picturebook-illust.com), 그라폴리오(www.grafolio.com), 노트폴리오(www.notefolio.net) 등에 자신의 명함, 포트폴리오, 프로필을 넣는다. 그리고 플랫폼에서 꾸준한 활동이 중요하다.

SNS 홍보방법은 흥미와 꾸준함으로 시선을 끌 필요가 있다. 여기에 디자이너가 SNS 홍보할 때 두 가지를 챙기라 조언한다.

첫 번째는 결과보다 과정을 중심으로 올린다. 결과는 '좋다, 그저 그렇다'로 쉽게 판단할 수 있다. 과정을 보이면 생각의 폭이 넓어진다. 단순해 보이는 것도 쉽지 않다는 걸 알릴 필요가 있다. 그리고 과정은 스토리다. 스토리는 사람의 기억에 오랫동안 머물게 하고 매니아를 만들어낼 수 있다.

두 번째는 반응을 보인다. SNS에 올린 내용에 댓글이 올라오면 반드시 답글을 보낸다. 관계 형성의 기본이자, 관심을 보인 사람에 대한 예의 이다.

플랫폼, SNS마케팅을 해도 기존 경쟁자들과 분명한 차별점이 있어야 한다. 디자인에 대한 차별성은 기본이다. 고객 접근 방법의 차별성이 있어야 한다. 고객 접근 차별성은 3가지가 있다.

1. 저가형 접근 경쟁자와 같은 퀄리티로 낮은 가격에 제공하는 일이다. 가격도 분명 차별점이 된다. 나를 알리는 수준이나, 처음부터 박리다매로 판매할 목적이 아니며 일정 시기에 고 퀄리티의 높은 가격으로 책정함이 필요하다.

2. VIP의 접근 처음부터 소수 고객을 상대하는 일이다. 소수 고객은 상대적으로 높은 금액을 받을 수 있으며 많은 교감도 나눌 수 있다. VIP 고객은 SNS나 검색을 통해 나를 찾지 않기에 고객을 만나기 위해 부단히 움직여야 한다.

3. 비교할 수 없는 퀄리티 실력의 차이다. 하지만 앞에도 이야기했듯 디자인은 주관적이다. 1등부터 꼴찌를 매기는 일이 아니다. 현저한 차이를 만들어낼 때 고객접근에 차별성을 나타낼 수 있다.

비즈니스를 오랫동안 유지하는 방법은 상호간의 신뢰다. 디자인 제로 창업은 장인정신과 함께 비즈니스정신을 요구한다. 장인정신과 비즈니스정신의 조화는 어려운 경지다. 장인정신은 시간의 조공을 바쳐야 가능하다. 제로창업자는 장인정신을 추구하되 수익창출을 위해 비즈니스정신에 집중할 때도 있어야 한다. 비즈니스정신의 시작은 납기 준수다. 신뢰는 납기 준수에서 시작된다.

인터뷰했던 디자인 제로창업자는 밤샘작업에 익숙해야 한다고 말한다. 그는 그것이 어쩔 수 없는 디자이너의 숙명이라 말한다. 밤을 세는 이유는 하나다. 납기를 준수하여 신뢰를 쌓기 위해서다.

쇼 비즈니스로 챙겨야 할 부분 중 하나가 저작권 문제다. 한때 2차 저작권까지 넘기는 바람에 사회적 이슈가 되었던 '구름빵 이야기'가 있다. 관행이란 이름으로 디자이너가 놓치는 부분이 많다. 한국저작권위원회(www.copyright.or.kr)에 사례와 표준계약서 등이 있으니 참조하면 된다.

디자인은 지적재산권이라는 인식이 있어야 한다. 주문자가 비용을 주고 일을 맡기더라도 저작권은 제작자에게 있다. 이 점을 계약서로 명시할 필요가 있다. 나의 권리는 누구도 지켜주지 않는다. 내가 알아야 하고, 내가 알아서 지켜야 한다.

좋아하는 그림이나 캐릭터만 그리면서 수입이 나온다면 얼마나 좋겠는가? 현실은 녹록치 않다. 좋아하는 일로 돈을 벌기 위해 당연히 해야 할 일들이 있다. 당연히 해야 할 일을 하지 못해 발목을 잡힌다는 건 안타까운 일이다. 디자인 제로창업이 쇼 비즈니스라는 관점을 가지고, 비즈니스맨으로 진화하고, 비즈니스 자존심을 세우자. 비즈니스 능력이 확대될수록 좋아하는 일을 할 기회가 더 늘어난다.

디자이너의 영원한 숙명

단가 후려치기와 물건 떠넘기기로 가맹점에 부당한 힘을 행사한 기업이 사회적으로 큰 이슈가 되었다. 이 사건으로 대한민국은 갑을 관계의 재정립 필요성을 외쳤다. 그 중 하나가 계약서에 '갑을'의 표현보다 회사명이나 발주처, 협력업체로 용어를 순화하는 방법이다. 하지만 안타깝게도 용어만 순화했을 뿐 갑을 관계는 여전히 존재하며, 부당한 줄 알면서도 하소연할 때도 마땅히 없어 울며 겨자 먹기로 일을 한다.

"수정 요청."

디자이너에게 숙명적 단어다. 그래서 계약서에는 '2회 수정까지'만 넣는다. 2회 수정까지만 하고 냉정하게 자르기에는 을이라 불안하다. 만약 고정거래처라면 2회 수정이 아니라 무한수정도 해줄 때가 있다. 다음 일거리를 위해 오케이 할 때까지 참는 것뿐이다.

"창업 3년 차가 넘어가니 함께 일하고 싶은 사람보다 함께 일하지 말아야 할 사람이 보이더라고요."

출판과 잡지디자인을 하는 K 대표의 말이다. 처음에는 일거리가 끊긴다는 불안함에 이 일 저 일 가리지 않았다. 그러는 과정에서 무한수정을 요청하거나, 결제 약속을 안 지키거나, 미팅만 3~4번 하다 취소를 해버리는 등 초보창업자의 설움을 톡톡히 경험한다. 창업한 지 7년이 넘어가니 신규고객은 전화만 받아도 함께 일할 수 있는지 알 수 있다고 한다.

K 대표는 을이 일거리를 골라 하려면 갑을 이기는 실력이 있어야 한다고 말한다. 만약 이기는 실력이 없다면 갑과 궁합이 맞는지 판단해야 한다. 일 궁합은 전화나 대화로 알 수 없지만, 오랫동안 고객을 상대하면 태도에서 알 수 있다고 한다. 그가 밝힌 궁합이 맞는 클라이언트는 몇 가지 공통점이 있다.

첫 번째, 당연한 걸 당연하게 행동한다. 아무리 단순한 디자인이라도 지적노동임을 알고 있다. 가격, 스케줄 등 협력개념이 잡혀 있다. 다음 일은 다음 일이며, 소개는 소개일 뿐이다. 막연한 희망을 주지 않는다. 지금 일에 정당한 대가와 협력을 당연하게 생각하고 행동한다.

두 번째, 주문이 명확하다. 디자이너는 "디자이너의 감각을 믿습니다"라는 말이 두렵다고 한다. 전면수정을 요청하는 경우가 많기 때문이다. 그래서 K 대표는 1안, 2안을 다른 분위기로 만들어 선택권을 준다고 한다.

궁합이 맞는 클라이언트는 구체적인 내용까지는 아니더라도 분위기나 전체적인 색을 알려주고 주문한다. 그리고 참고할 만한 이미지를 첨부한다고 한다. 주문의 명확성에서 내부에서 결정된 사항이고 일 처리 방식이 깔끔한 회사라는 걸 판단할 수 있다.

세 번째, 상호 필요한 만남만 한다. "전화나 이메일로 설명할 수 없으니 방문해 달라"는 클라이언트는 경계부터 한다. 메일이나 전화로 작업이 이루어질 수 있고 작업요청서가 있는데 무작정 만나자는 건 서로 시간 낭비다. 무작정 만났다가 시간과 비용을 버리는 경우가 많기 때문이다. 일의 순서와 절차를 무시하는 사람을 경계해야 한다.

K 대표는 예비디자인 창업자에게 '사람소개', '다음 일거리'를 강조하는 사람을 가장 경계하라는 조언을 끊임없이 했다. "감사합니다"라 말하고 기대를 하지 않고 있다가 정말 사람소개를 해주면 커미션을 주거나, 다음 일거리를 줄 때 다른 서비스를 주면 된다. K 대표는 일거리를 달라고 한 적도 없고, 일을 고객이 요청했다는 점을 기억하라 말한다.

모든 클라이언트가 궁합이 맞으면 좋겠지만, 아닌 경우가 더 많다. 이런 클라이언트와 좋은 관계로 일을 마무리하는 데 필요한 건 철저한 문서다. 무엇보다 클라이언트에게 정확한 작업요청문서를 보내는 게 중요하다. 디자인으로 제로창업을 하겠다면 작업요청문서를 미리 만들어놓자. 구성은 크게 8가지로 구성한다.

1. 연락처

2. 완성희망일자

3. 작업분량

4. 참고이미지, 그림

5. 작업사이즈

6. 제작의도 및 사용용도

7. 작업내용

8. 결제방법, 결제 일

8가지 이외에 작업특성을 담아 요청하면 된다. 디자인은 디자이너와 클라이언트가 함께하는 일이다. 클라이언트의 협조는 부탁이 아니라 좋은 디자인을 위한 당연한 요구다. 요구할 건 당당히 요구하자.

앞에도 이야기했듯 디자인은 쇼 비즈니스다. 무한수정은 나의 시간과 에너지, 감정을 소비시킨다. 디자이너에게 시간, 에너지, 감정은 비용이다. 비즈니스 관점으로 이 비용을 늘 고려해야 한다.

치열함 속에서 감각을 유지하는 법

"시인은 좁쌀 하나에도 우주를 보고, 찰나에도 영원을 볼 줄 알아야 한다."

우리에게 '대추 한 알'이란 시로 잘 알려진 장석주 시인이 강연에서 했던 말이다. 어디 시인뿐이겠는가? 무언가를 만들어내는 직업 모두가 그렇다. 단어 하나만 가지고 여러 가지 이미지를 만들어내고, 잠깐 던진 한 토막 메시지를 서사로 표현해야 한다. 모양 없는 나무토막에 신의 모습을 조각한다.

무형無形의 것을 유형有形의 것으로 바꾸는 건 신과 동물의 모습이 공존하는 인간이 신의 모습에 가까워지는 행위다. 뛰어난 감각을 갖추기 위해서는 인풋이 충분해야 한다. 감각이 없다면 아웃풋인 유형의 것으로 나타내지 못한다.

70세 현역 만화가 허영만 화백의 스케줄이 언론에 나온 적이 있다. 초등학생 방학일정표처럼 아주 단순한 일정표를 스프링 노트에 붙여놓는다. 그리고 그것을 지킨다. 단순함이 구도자의 삶과 유사하다. 허영만 화백은 50년 이상 하루도 빼놓지 않고 만화를 그렸다. 반백년을 한우물만 파며, 화실 출퇴근 '6 to 6' 원칙을 지킨다. 술자리를 좋아해서 술을 마시지만, 다음날 지장이 없도록 마신다.

"지금 나이든 작가가 저밖에 없어요."

언론에서 그가 한 말이다. 웹툰으로 무장한 젊은 작가들이 넘치는 세상에 허영만 화백처럼 노익장을 발휘하는 만화가는 많지 않다. 허영만 화백이 대단한 건 작품이 진화한다는 점이다. 작품 활동 전 현지답사와 독서로 감각을 유지한다. 그의 구도자적 생활과 철저한 사전준비는 인풋인 감각을 꾸준히 유지해주는 힘이다.

디자이너가 롱런하기 위해서는 감각을 유지해야 한다. 감각은 타고난 부분이 있지만, 그것을 유지, 발전시키는 건 개인의 몫이다. 제로창업 후 디자인 외에 많은 일을 치열하게 하면서 감각을 유지하는 건 쉽지 않은 일이다. 허영만 화백처럼 나름의 감각 유지법을 가지고 있어야 한다.

디자이너 제로창업은 물론 모든 창업이 불안 요소를 가지고 있다. 특히 초반 일거리가 없을 때 불안은 심하다. 나는 대표고, CEO며, 1인 기업이자 프리랜서인데 주변에서 백수로 볼 때가 있다. 이 시기는 누구나 겪어야 하는 통과의례다.

디자이너들은 이 시기에 "펼치고 싶은 그림을 마음껏 연습하라"고 조언한다. 디자인은 대중적이면서도 자기 색깔을 내야 한다. 일이 들어오면 갑을 관계에서 갑이 원하는 디자인을 해줄 수밖에 없다. 실력을 기르고 자기 색깔 디자인을 뽑아낼 수 있는 시기가 창업 초기다. 창업 초기 클라이언트 없는 포트폴리오를 만들거나, 독서, 여행으로 충분한 인풋을 하라고 한다.

불안하지만 무명을 이겨내고 일거리가 들어오기 시작하면 철저한 자기관리가 필요한 시점이다. 특히 시간에 대한 관리가 중요하다. 일거리가 들어온다 해도 365일 일이 있는 건 아니다. 일거리가 없는 기간이 있다. 이때 자칫 생활패턴을 무너뜨리고 충동적인 시간을 쓸 수 있다. 감각을 발휘하기 위해 일정한 예열이 필요하다. 충동적으로 시간을 쓰다가 일이 들어오면 예열시간이 필요하다. 일거리가 없어도 일정 생활패턴을 유지해야 한다. 일거리가 있건 없건 스스로 시간을 관리하는 능력이 디자인 제로창업자에게 중요하다.

시간관리가 자리 잡혔다면 감각을 유지하고 확장할 필요가 있다. 감각은 미술관을 갔다고 하루아침에 생기지 않는다. 지속적인 인풋과 인풋을 바탕으로 아웃풋을 해야 한다.

일본 소프트뱅크 손정의 회장은 발명의 감각을 유지하기 위해 '단어카드'를 사용했다. 일상에서 사용하는 물건 이름을 무작위로 쓰고 섞는다.

그리고 3장을 뽑아 조합한다. 조합한 곳에서 아이디어를 만들어 특허를 만들어냈다. 이런 훈련이 있었기에 소프트뱅크를 만들 수 있었다.

디자인 감각을 확장하기 위해 전공교과서는 물론 다른 분야에도 관심이 있어야 한다. 용기 있게 다른 곳에서 찾기에 도전하거나, 지식의 보고인 책, 무작위 메모, 아니면 '레버덕'처럼 무조건 크게 만들어서 보는 것도 좋은 방법이다.

디자인은 프로젝트로 함께하지만, 일을 할 때는 혼자 할 때가 많다. 같은 프로젝트팀이라도 넘지 말아야 할 선이 엄연히 존재한다. 상대를 존경하지만, 거리를 두는 방법을 택하라. 또한, 금전관계는 많든, 적든 철저히 공개해야 오해를 사지 않는다.

인간관계에서 오는 즐거움도 있지만, 인간관계 스트레스는 감정을 소모시키고 감각을 떨어뜨린다. 자기 영역을 지키고, 타인의 영역도 존중할 줄 알아야 한다.

디자인 제로창업자는 클라이언트 미팅, 영업, 홍보, 제작, 피드백 등 굉장히 바쁘다. 일에 치여 감각을 잃어버리고 같은 패턴의 이미지만 생산해낼 수 있다. 자기혁신이 없다면 클라이언트는 더 좋은 감각을 지닌 사람을 찾는다. 치열함 속에서 나만의 감각을 유지하는 방법을 연구해보자. 치열하게 일하는 것 못지않게 롱런하는 방법을 아는 것도 중요하다.

제 7 장

지식, 경험, 노하우를 체계화시켜 돈을 번다

—컨설팅, 코칭 창업

코칭과 컨설팅의 무한대 확장

과거 직장생활을 할 때 현장관리 컨설턴트와 성과지표관리 컨설턴트 2명이 2주에 한번 꼴로 회사를 방문했다. 팀장과 팀원 모두 꼼짝없이 컨설턴트 지시를 따라야 했으며, 성과를 보여야 했다. 성과가 저조하면 보고서가 사장님은 물론 그룹사 사이트로 올라갔다. 사회 초년생으로 처음에는 호기심이 있었지만, 차츰 팀 분위기에 동조했다. "일도 바쁜데. 무슨 컨설팅이야"부터 술자리 안줏거리로 "컨설턴트가 현장에서 굴러봤어?" 같은 말에 함께 웃음을 보냈다. 지금 돌아보면 우리 팀과 컨설턴트는 매일 전쟁이었다. 변화에는 저항이 존재하지만, 저항은 몇 년째 계속되었다. 1~2년 시간이 지나자 창고는 정리정돈과 재고관리가 잘되었고, 복잡했던 각종 지표도 체계적으로 바뀌었다. 경영관리에서 말하는 '3정

5S'를 잘할 수 있었다. 하지만 또 개선을 요구하는 컨설턴트와 여전히 전쟁을 이어갔다. 창업을 위해 퇴사를 앞둔 시기에 컨설턴트와 이야기를 나누었다. "변화를 모르게 변화시키는 게 컨설팅이다"라는 말을 하며 승자의 미소를 보여주었다.

시간이 흘러 지식서비스창업 코칭과 컨설팅하며 당시 컨설턴트가 어떤 심정이었는지 조금 알 것 같다. 끊임없이 저항하고, 저항 속에 변화시키는 일이 얼마나 어려운지 말이다. 필자의 고객은 자발적으로 찾아온 사람이라 의욕이 있지만, 회사는 좋든 싫든 해야 하는 의무기 때문에 저항이 얼마나 심했는지 지금은 느낄 수 있다. 변화란 절대 쉽지 않기에 변화를 시키는 일에 왜 돈을 지불해야 하는지 공감이 간다.

코칭, 컨설팅은 개념적으로 차이는 있지만, 저항은 코칭, 컨설팅 제로창업자의 숙명이라 생각한다. 그래서 코칭, 컨설팅으로 롱런하는 사람은 전문성과 체력을 강조한다. 체력이 있어야 저항을 이길 수 있다.

코칭과 컨설팅은 오랫동안 제로창업의 아이템이었고 자격증이 없어도 시작할 수 있는 장벽 낮은 창업에 속했다. 하지만 과거에는 전문성, 학력, 경험 등 눈에 보이지 않는 장벽이 엄밀히 존재했다. 지금은 경영에 머물렀던 컨설팅의 폭은 늘어났고, 심리 상담이나 학습법, 스포츠에 머물렀던 코칭도 상상하지 못한 분야에서 전문코치가 등장했다. 진입 장벽은 무너졌고 창직創職하듯 전문코치와 컨설팅으로 제로창업을 할 수 있는 시대가 되었다. 제로창업에서는 진입이 쉽지 않은 기업 경영계열

컨설팅과 코칭보다 접근이 쉬운 아이템으로 이야기하겠다.

코칭과 컨설팅은 비슷하지만 차이가 있다. 김은정 저자의 《코칭의 심리학》김은정 지음, 학지사 출간에는 코칭을 다음과 같이 말한다. "스스로 자신에게 맞는 답을 찾도록 도와주는 것"이다. 코칭은 피코치자가 지식과 경험을 이미 갖고 있음을 전제한다. 이미 가진 지식과 경험을 코치가 질문을 통해 변화를 이끌어낸다. 그리고 피코치가 코치에게 명확한 답을 요구했을 때만 방법을 알려줄 뿐이다. 코칭은 가르치려 하지도 않고, 가르칠 수도 없다. 질문을 통해 찾아간다.

컨설팅은 일정한 TOOL을 바탕으로 체계적인 분석과 연구로 고객이 원하는 해결책을 '제시提示'해준다. 컨설팅을 하는 컨설턴트에 대해 제프리 벨먼의 《컨설팅 프로페셔널》제프리 벨먼 지음, 21세기북스 출간에는 "고객이 지금 손에 쥐고 있는 것과 앞으로 원하거나 필요로 하는 것 사이의 간격을 좁혀주는데 도움을 주는 사람"이라 말했다. 특히 고객이 문의한 문제와 해결책의 접점을 찾아내는 게 핵심이며, 이 접점이 왜 맞는지 고객에게 설명해줘야 한다. 이 코칭과 컨설팅 분야가 과거보다 폭발적으로 늘어났다. 기업의 문제는 물론 개인의 자잘한 문제까지 코칭과 컨설팅이란 이름으로 활약한다.

"어떤 기종을 원하세요?"가 아닌 "자전거를 통해 어떤 변화를 원하세요?"란 질문을 시작으로 고객이 원하는 자전거를 컨설팅하는 C 컨설턴트가 있다. 포털사이트에 자전거 관련 질문을 하면 성심껏 답변해주며 고객을 확보한다. 고객이 원하는 자전거를 디테일하게 챙기고 컨설팅비용과 부품마진으로 수익을 올린다. 자전거에 컨설턴트까지 필요하겠느냐고 생각할 수 있다. 하지만 자전거 사용 목적이 다양해지고, 전문장비가 등장하면서 체계적인 지식을 가진 전문가가 필요하다. 그를 찾아주는 사람이 있다는 것 자체가 컨설팅이 필요하다는 근거이기도 하다.

몇 년 전부터 유아교육에서 남자아이 교육바람이 불고 있다. 남자아이는 여자아이보다 상대적으로 언어발달과 소근육 발달이 느리며, 인정받고 싶은 욕구가 강하다. 하지만 눈에 드러나는 성과는 여자아이가 잘 낸다. 자존감에 문제가 생길 수 있다. 이 부분을 함께 고민해야 할 아빠들은 먹고사느라 바쁘다. 학교에도 보고 배울 남자 선생님이 적다. 엄마들은 남자아이를 이해하기 힘들며 양육은 더욱 힘들다. 이런 문제를 파악하고 남자아이만 전문적으로 코칭하는 H 학습전문가가 있다. 학부모에게 질문기법으로 남자아이 특성을 이해시킨다. 아이에게도 질문을 통해 학습 분위기를 잡아나간다. 남녀를 구분하면 시장이 반으로 줄어들지만, 전문성과 퍼스널브랜딩으로 활발한 코칭을 하고 있다. 이젠 학습코치를 넘어 인성, 진로 등 다양한 능력을 요구하는 추세라 말한다.

자전거, 남자아이 키우기는 물론 앞으로 모든 분야에 코칭과 컨설팅이 등장할 것이다. 대부분 창직 개념으로 시작해 수요를 찾고 수입이 나오면 직업으로 바꿀 수 있다. 그리고 양성과정을 통해 확장을 해나가는 구조가 계속 이어질 전망이다.

코칭과 컨설팅으로 제로창업을 하겠다면 분야를 정하는 게 우선이다. 다양한 분야가 있기에 오히려 혼란이 올 수 있다. 만약 분야가 없다면 창직으로 접근해야 하지만 사업을 해보지 않은 사람이 창직 개념으로 제로창업을 한다면 홍보, 시장, 기획 등 모든 걸 개척해야 한다. 경험이 없는 사람은 쉬운 문제가 아니다.

우선 시장이 형성되었고 체계적인 프로세스와 TOOL이 있는 분야로 시작해야 한다. 코칭과 컨설팅 시장의 메커니즘을 이해하고 내가 할 수 있는 분야로 확장하라고 전문가들은 조언한다.

다른 제로창업에 비해 코칭과 컨설팅은 직장 안에서 준비하기가 어려운 부분이 많다. 책과 강의로 간접 경험할 수는 있어도 코칭과 컨설팅은 실전경험이 어느 제로창업보다 중요하다. 고객 역시 사례와 근거를 끊임없이 요구한다. 전문가들은 부딪히고 시장에서 깨지는 것이 가장 빨리 자리 잡는 방법이라 말한다. 만약 여러 가지 이유로 직장에서 준비하겠다면 퍼스널브랜딩 확보에 집중하라고 조언한다. 그 시작이 체계적인 자료를 공유하는 블로그라 말한다. 일회성 자료가 아닌 체계적인 자료가 있다면 창업했을 때 오랫동안 꾸준히 관심을 가졌다는 신뢰성을 줄 수 있기 때문이다. 실전에 뛰어들 수 없다면 축적의 힘을 내 것으로 만들면 된다.

세련된 코칭,
컨설팅도
발품 팔아야 입문한다

오랜 기간 짬나는 시간과 주말을 활용해 코칭과 컨설팅 관련 자격증도 취득하고 인맥도 형성해놓았다. 야간으로 대학원까지 졸업했다. 코칭과 컨설팅에 필요한 화법과 문서작성도 완비되었고, 그럴듯한 회사 이름도 만들었다. 일정수입이 없으니 집 주소로 사업자를 냈고 부족한 이력이지만 명함과 이력서를 완성했다. 코칭, 컨설팅으로 제로창업을 시작했다. 지인이 주는 일거리는 3개월 만에 소진되었다. 이젠 무엇을 해야 할까?

"일반인을 상대하면 3년, 전문가를 상대하면 5년 걸린다."
호기롭게 20대 중반에 창업했다가 사업이 어려워 자살까지 결심했지만, 조명기구사업으로 재기에 성공한 Y 대표가 했던 말이다. 시장에 인정받기 위해선 일정 시간이 필요하다는 뜻이다. 코칭, 컨설팅은 인정받기 위해 얼마나 시간이 필요할까? 지식서비스 특성상 천차만별이며, 시원하게 이야기하는 사람도 없다. 누구는 시작하자마자 자리 잡을 수 있다 하고, 누구는 10년이 지나도 자리를 못 잡을 수 있다고 한다.

자리 잡는데 천차만별이라도, 창업 전 모아놓은 금액을 떠나 일거리 없이 버틸 수 있는 기간은 공통으로 1년이라 말한다. 1년 안에 일거리가 없으면 금전적 어려움은 물론 자존감에 심각한 상처를 입는다. 적더라도 1년 안에는 코칭, 컨설팅 경력을 쌓아야 한다. 다시 질문으로 돌아가 보자. 양성기관과 지인들이 일거리를 주지 않는다. 무엇을 해야 할까? 코칭, 컨설팅으로 제로창업을 꿈꾸는 많은 사람의 물음이면서도 아이러니하게 방법은 알고 있다. 바로 발품을 팔아서 나를 알려야 한다는 것이다.

SNS 발달로 누군가를 찾는 게 쉬워졌다. 검색 몇 번이면 전문가가 나온다. 전화해서 가격을 묻고 이용하면 된다. 우리는 검색 시대에 살고 있다. 하지만 코칭과 컨설팅은 검색을 통해 찾을 수 있어도 최종까지 이어지기 위해 면대 면 접촉이 반드시 있어야 한다. 인터넷에 보여주는 모습이 아닌 면대 면에서 나의 실력과 매력을 보여줘야 계약으로 연결된다. 이 역시 발품을 팔아야 한다.

서비스 마인드 컨설팅으로 제로창업한 J 대표가 있다. 지금은 기업경영은 물론 자기경영 등 코치로도 활약하고 있다. J 대표 역시 비슷한 처지였다. 알아주는 학력도 경력도 없었다. 평범한 주부로 몇 개 자격증과 인터넷으로 공부했던 지식이 전부였다. 그리고 창업했다. 전문가들이 즐비한 세상에서 찾아주지 않는 게 당연한 일이다. 자격증을 취득한 곳에서 일을 주지 않았고, 비슷한 처지에 있는 창업자들만 주변에 있을 뿐이다. 인맥으로 의지하기 힘든 상황이었다.

우선 명함을 만들었다. 명함에는 이수한 교육과 컨설팅 분야를 넣었지만, 빈칸이 많았다고 한다. 생각을 바꾸어 앞으로 하고 싶은 코칭, 컨설팅하고 싶은 분야도 넣는다. 명함에 하고 싶은 희망분야를 넣는 건 거짓말하는 일로 생각할 수 있다. J 대표는 할 줄 알지만 단지 현장에서 못한 것뿐이라는 생각으로 명함을 만들었다. 명함 다음이 홍보지를 만드는 일이다. 하지만 홍보지를 만들고 싶어도 실적을 보여줄 수 없으니 홍보지는 훗날을 기약했다.

나의 존재를 알리는 명함을 만들었으니 어떻게 해야 할까? 다시 물음이 왔다. 고민 끝에 배운 걸 실전에 경험할 곳이 필요했다. 돈보다는 경험을 얻고 싶었다. 초보인 사람에게 서비스 마인드를 적용할 매장을 찾았다. 바로 집 근처에 있는 작은 병원과 식당, 카페였다.

직원 5명 정도 있는 식당을 찾아간다. 그리고 직원서비스와 시스템을 차분히 관찰하고 메모지에 개선사항을 기록한다. 단순기록이 아니라 MOT고객 접점, 인테리어, 회전율 등 세부사항을 나눈다. 배운 걸 적용한 일이다. 집에 가서 컨설팅문서로 바꾼다. 당시 첫 문서를 작성할 때 밤잠을 설치며 절박하게 작성했다고 한다.

컨설팅문서와 명함을 들고 식당 대표를 찾아간다. 동네주민이라 밝히고 하는 일을 설명한 후 관찰결과를 이야기해준다. 돈은 받지 않을 테니 개선사항을 적용할 수 있게 기회를 달라고 말한다. 공짜로 하겠다는 데 반대할 이유가 없었다. 동네 평범한 식당에 일하는 직원에게 CS 컨설팅과 강의를 해준다. 모든 코칭과 컨설팅처럼 저항에 부딪혔지만 처음부터 코칭과 컨설팅에 익숙한 사람보다는 더 많이 배우고 고쳐나갔다고 한다. 그렇게 첫 컨설팅을 성공적으로 마무리했다. 식당 대표가 다음 식당을 소개해주었다.

첫 성공의 자신감으로 동네의원, 안경집, 약국, 직원 3명이 있는 동네 과일가게까지 실전경험을 쌓았다. 그렇게 입소문이 나면서 소개가 소개로 이어졌다. 실전 경험이 쌓이고 포트폴리오로 홍보지를 만들어 지역에 있는 복지관을 면대 면 방문한다. 처음에는 보험설계사, 건강식품판매사원으로 오해를 많이 받았지만, 몇 번의 성공경험으로 자신 있게 영업을 했다. 복지관은 일정금액을 받으며 컨설팅을 했다. 마찬가지로 소개가 소개를 낳는다.

그는 코칭과 컨설팅은 면대 면이 중요하다고 강조한다. 그리고 코칭이나 컨설팅에서 대기업이나 대형병원, 프랜차이즈 본사 같은 화려한 곳보다 현실적으로 접근 가능한 곳에서 시작하라 말한다. 처음부터 돈 벌겠다 시작하면 버틸 수 없는 곳이라고 설명한다. 지금은 일거리가 알아서 들어오는 상황에서 일하고 있다.

J 대표는 가방에 노트북과 몇 개의 문서 그리고 세련된 복장으로 사람

을 상대하는 코칭, 컨설팅을 꿈꾸는 사람이 많다고 한다. 하지만 쉽게 도전하지 못하는 가장 큰 이유는 '완벽성'을 추구한다는 점이다. 완벽성보다 절박한 마음으로 고객 사무실 문을 열 수 있는 용기가 더 중요하다고 강조한다. 지금은 복지시설과 1년 단위로 계약을 맺고 컨설팅을 한다. 나머지 시간에는 컨설턴트 양성과정 코칭과 강의 등으로 활약하고 있다. 그 시작이 동네 식당에서 영업할 용기였다.

세상 모든 분야에는 나보다 뛰어난 존재가 즐비하다. 이런 나를 창업했다는 이유만으로 찾아오는 건 사실 기적에 가깝다. 주변 인맥의 도움으로 일을 하겠다는 안일한 생각은 시작부터 관둬야 한다. 인맥이 주는 일거리에 취하면 발전은 없으며 스스로 시장을 줄이는 행위다. 실전경험을 쌓기 위해 발품을 팔아야 한다.

코칭과 컨설팅 제로창업으로 자리 잡았다면 확장을 고민한다. 직원을 채용하고 사무실을 확장 할 수 있지만 코칭과 컨설팅은 전문가 간의 커뮤니티 확장에 중점을 둔다는 특징이 있다. 혼자 처리할 수 없는 코칭과 컨설팅을 맡았을 때 함께할 전문가 확보를 말한다. 사람이 많다 해도 내가 원하는 시간과 장소 그리고 내용을 나처럼 풀어내는 사람은 많지 않다. 이런 사람과 언제 어디서나 일할 수 있는 전문가 커뮤니티를 확장해야 한다.

코칭과 컨설팅은 진입 장벽이 존재하지 않는다. 자영업 몰락현상이 일반화되면서 자영업의 위험을 잘 아는 사람이 늘어났다. 그래서 창업

비용이 들지 않고, 하던 일의 연장선인 코칭과 컨설팅으로 많이 몰리고 있다. 그 속에서 자신을 드러내고 수익을 올려야 한다. 쉽지 않은 일이다. 화려한 이름과 고액을 주는 곳은 지금 창업한 사람에게 의뢰하지 않는다. 지금 나의 접점이 있는 곳에서 코칭과 컨설팅을 시작하자.

성숙하지 않기에 코칭과 컨설팅 시장은 밝다

경험과 지식으로 제로창업하는 방법을 제시한 브렌든 버처드의 《메신저가 되라》브렌든 버처드 지음, 리더스북 출간란 책이 있다. 이 책의 해제를 쓴 김미경 더블유인사이츠 대표는 미국의 메신저 산업과 한국의 메신저 산업의 차이를 이야기한다. 미국은 눈에 보이지 않는 지식을 얻는 것에 돈 쓰는 일이 당연하다 생각하지만, 한국은 "좋은 말 몇 마디 했다고 버르장머리 없게 돈을 받고 있냐고 따진다"라는 말이 기억에 남는다. 최신식 스마트폰을 살 때 돈을 지불하는 건 당연하면서도 스마트폰을 만든 엔지니어에게는 지식 재능기부를 거침없이 요구하는 현상이다.

코칭전문가와 컨설턴트를 만나보면 자주 느끼는 현상이라 말한다. 고객과 통화가 오고가며 금액 이야기가 나오면 "예산이 작아서(…….)"로 시작한다. 코칭과 컨설팅은 시간을 파는 직업이 아니라 가치를 파는 직업이며, 가치는 상대적이다. 어떻게 느끼느냐에 따라 다르다.

다행히 과거보다 우리나라도 많이 달라진 분위기다. 10년 이상 현직에서 코칭과 컨설팅으로 활동하는 사람들의 이야기는 시장이 성숙하면서 공정한 가격이 형성되는 중이라 한다. 코칭전문가와 컨설턴트는 솔루션을 제시하기 위해 많은 시간과 비용을 투자해서 배웠고, 현장 감각을 익혔다. 하지만 몇 분 만에 문제점을 찾아내거나, 성장법이나 해결책을 제시하고 비용을 요구한다. 성장법이나 해결책은 상대적인 가치라 고객은 비싸게 느낄 수 있다. 이 괴리는 코칭, 컨설팅 직업이 사라지지 않는 이상 영원할 것이다. 괴리를 메우는 방법은 고객이 제값을 느끼도록 변화나 성공에 기여도를 높이면 된다. 결국, 전문성과 변화를 유도하는 설득력이다.

과거보다 삶이 복잡해지면서 해결해야 할 문제들도 복잡해졌다. 그리고 현대인은 시간에 쫓기며 살고 있다. 복잡한 문제를 혼자 해결하기에 시간이 허락하지 않는다. 갈수록 코칭과 컨설팅 시장은 증가한다. 과거 코칭과 컨설팅 시장은 경영이나 스포츠, 학습 등에 한정되어 있었다. 하지만 언론의 힘과 스타 코치와 스타 컨설턴트 등장, 다양한 분야의 확장으로 시장은 커지고 있다. 멀리 갈 것 없이 '소상공인 진흥공단' 사이트만 방문해도 컨설턴트 지원 사업이 있다. 일정금액만 지불하면 정부에서 컨설턴트를 지원해준다. 인터넷에는 다양한 연구소 이름으로 자잘한 것까지 코칭과 컨설팅을 받을 수 있다.

시장이 성숙하고 지식에 돈을 지불하는 문화가 확산하고 있다지만, 가격 형성과 책정에 많은 제로창업자들이 어려워한다. 가격 형성이 어려운 건 내가 제시한 비용과 나의 가치가 같은지 알기가 힘들기 때문이다. 이미 활동하고 있는 전문가만큼의 금액으로 제시하기는 제로창업자로서 부족해 보인다.

가격 형성에 대해 코칭과 컨설턴트는 물론 많은 제로창업자들이 어려움을 이야기한다. 나의 가치가 얼마이고, 그 가격이 고객이 수긍할지는 알 수 없다. 이 부분에 관해 필자의 책《1인 기업이 갑이다-실전편》윤석일 지음, 북포스 출간에 고민을 담았다. 결론은 "내가 최선을 다할 수 있는 금액을 설정하라"이다. 무조건 낮게 부른다고 좋은 일이라 할 수 없다. 낮아 버리면 의욕이 떨어질 수 있다. 코칭과 컨설팅의 질도 떨어질 수 있다. 최선을 다할 수 있는 금액을 설정하고 요구한 후 보여주면 된다. 그 성공 여부는 재구매와 고객 소개 유무이다. 평균의 함정에 빠져 자신의 몸값을 딱 평균치로 만들 수 있다. 이 금액이면 최선을 다할 수 있겠다는 금액을 미리 만들어 놓자.

과거에는 코칭과 컨설팅은 학습의 개념과 솔루션 제공개념이 강했다. 지금은 고객의 관계를 파트너십으로 바꿔야 할 때다. 코칭전문가, 컨설턴트로 파트너십을 형성하지 못하면 끊임없이 새로운 고객과 일할 수밖에 없다. 시장개척에 도움이 될 수 있어도 재구매하지 않는다는 증거이며 새로운 고객에게 더 많은 에너지와 프로세스를 사용할 수밖에 없다.

코칭과 컨설팅 고객이 재구매하지 않고 파트너십을 유지하지 않는 이유는 두 가지다.

첫 번째, 전문성 등 실력 부족이다. 앞에도 이야기했듯 세상에는 코칭전문가와 컨설턴트들이 수없이 많다. 고객이 실력에 실망해서 재구매하지 않을 수 있다. 부족 부분을 찾아 보강해서 전문성을 키우면 된다.

두 번째, 재구매 상품이 없다. 코칭과 컨설팅 받을 수 있는 게 딱 한 개라면 전문성은 인정받을 수 있어도 같은 내용과 프로세스를 재구매할 필요성을 느끼지 못할 수 있다. 만약 자기경영 코칭을 한다면 독서법, 시간관리, 마인드관리 등 세분화시켜 다양한 상품을 재구매하게 만들어 놓을 필요가 있다.

고객과 파트너십을 만들기 위해 4가지를 갖춰야 한다. 필요, 고유함, 매칭, 계약으로 하나씩 살펴보면 다음과 같다.

1. 필요 고객이 나에게 연락할 때 무언가 필요하기 때문이다. 파트너십을 구축하기 위해 고객이 무엇이 필요한지 미리 파악한다면 신뢰를 쌓을 수 있다. 코칭, 컨설팅 분야가 있는 상태에서 고객의 고민은 비슷할 것이다. 뻔하다 생각하지 말고 진실하게 고객의 필요를 충족시키자.

2. 고유함 똑같은 코칭과 컨설팅이라 해도 남과 다른 것이 있어야 고객은 나에게 매력을 느낀다. 특히 컨설팅은 다른 컨설턴트와 구별되는 나

만의 고유성을 강조한다. 고유성이 고객에게 창업자를 기억시키는 힘이 된다.

3. 매칭 고객과 같은 코드가 있어야 매칭이 된다. 이 부분은 창업자의 노력 외에 고객의 노력도 필요하다. 우선 고객과 기본약속을 잘 지키고 당신이 생각하는 가치와 비전을 공유하며 고객과 나의 파장을 매칭시키는 일이다. 고객과 매칭된다면 재구매로 이어질 확률이 높아진다.

4. 계약 변수가 많은 코칭과 컨설팅에서 서로를 지키는 방법은 계약이다. 철저한 계약이 신뢰를 쌓는 방법이기도 하다. 계약 작성이 어렵다면 전문가를 찾아가 작성에 도움을 받을 수 있다.

기업을 상대하는 코칭과 컨설팅은 많이 발전했다. 누구나 수긍할 수 있는 가격과 시장이 형성되는 중이다. 개인에 내려오면서 다양한 코칭과 컨설팅이 생겼다. 앞으로 개인서비스 시장은 더욱 증가할 것이다. 성숙하지 않은 곳에서 기회가 있다. 고객과 파트너십을 유지하며 넓어지는 시장에서 새로운 기회를 만드는 제로창업을 할 수 있다.

진정성으로 시작해
전달기술로
마무리한다

"처음 시작할 때는 성과가 말해줬기 때문에 최고의 시스템이었습니다. 하지만 고객은 물론 저도 지쳐간다는 걸 느끼면서 문제점을 찾아갔지요."

병원 마케팅 컨설팅을 전문적으로 하는 O 대표가 했던 말이다. 마케팅에 성과를 내자 병원장이 고객서비스도 함께 컨설팅해달라는 의뢰를 했다. 마케팅은 기술 부분이 많은 걸 차지하지만, 고객서비스는 마인드부터 변해야 했다. O 대표는 유명 아카데미에서 배운 시스템을 적용했다.

유명병원에서 성공사례를 낳은 시스템을 적용하려 했지만 여의치 않았다. 직원을 더 몰아쳤고, 모니터링 강도를 높였다. 성과가 조금은 나왔지만 무언가 문제가 있음을 느꼈다. 바로 시스템에 함몰된 자신을 자각한 것이다.

O 대표는 이것이 실력과 경험이 겸비된 코칭전문가와 컨설턴트가 종종 빠지는 함정이라고 말한다. 사람 위에 시스템이 있는 일이다. 유명하다는 이유로 시스템을 일괄 적용하려는 일이다. 좋은 시스템은 맞지만, 그것이 모두에게 적용되는지 생각해볼 일이다.

코칭, 컨설팅 모두 사람을 위한 일이다. 성과관리를 위해 숫자가 필요하지만, 숫자가 사람을 대신할 수 없다. 그래서 롱런하는 코칭, 컨설팅은 사람이 중심에 있어야 한다. 사람을 존중할 줄 아는 코칭전문가, 컨설턴트가 시장에 오래 살아남는다.

처음 코칭과 컨설팅으로 제로창업 할 때 고객 마음의 문을 열기가 어렵다고 한다. 우리나라가 아직 코칭과 컨설팅에 익숙하지 못한 탓도 있다. 그래서 고객이 존중받는 느낌을 받도록 해야 한다. 존중받는다는 생각이 들면 마음의 문은 열린다.

코칭과 컨설팅은 시스템 위에 사람이 있어야 한다. 그다음은 그것을 표현해야 한다. 경영컨설턴트로 세계적인 명성을 얻고 있는 사람 중 한 명이 짐 콜린스이다. 우리에겐 2002년에 출간된《좋은 기업을 넘어 위대한 기업으로》짐 콜린스 지음, 김영사 출간의 저자로 잘 알려져 있다. 책을 출간하기 전 짐 콜린스는 끊임없이 밀려오는 컨설팅 때문에 고민했다. 컨설팅과 콘텐츠 제작 사이에서 무엇에 집중할지 말이다. 이 고민을 안고 멘토, 피터 드러크를 찾아갔다. 피터 드러크는 사람들에게 긍정적인 영향력을 행사하고 싶다면 콘텐츠 제작에 집중하라고 조언한다. 피터 드러크의 조언에 따라 콘텐츠 제작과 책 출간에 집중한다. 이후《성공하는 기업들의 8가지 습관》집 콜린스·제리 포라스 지음, 김영사 출간,《좋은 기업을 넘어 위대한 기업으로》가 출간되면서 과거와 비교할 수 없는 명성을 얻는다. 그는 컨설턴트로서 지식을 글로 표현해내는 능력이 누구보다 탁월했고, 책이라는 전달매체로 세계 곳곳에 영향력을 행사하고 있다.

코칭과 컨설팅 모두 말言과 글文의 범주에서 이루어진다. 말과 글은 머릿속 지식을 표현하는 일이다. 전문성이 있어도 머릿속에 있는 걸 표현하지 못하면 상대는 알지 못한다. 코칭전문가와 컨설턴트로서 표현능력이 탁월하다면 발전 가능성이 매우 높다. 표현능력은 나의 말과 글이 아닌 그들의 말과 글로 표현해내는 능력이다. 얼마나 그들의 언어를 많이 알고 사용하는지에 성패가 달려 있다.

표현하는 건 암묵지暗默知를 형식지形式知로 바꾸는 작업이다. 글로 남기는 컨설팅보고서는 일정한 양식TOOL이 있어 내용을 충실하게 채우면 된다. 결론에 대한 합리적 근거를 제시하면 된다.

필자의 직업 중 하나가 책을 펴내는 일이다. 그래서 글 잘 쓰는 방법을 묻는 경우가 있다. 필자도 그런 방법이 있다면 알고 싶다. 사실 글은 단기간에 배울 수 없다. 결국 다독多讀, 다작多作, 다상량多商量 범주뿐이다. 여기에 용기도 필요하다. 글은 100% 타인에게 보여주려고 쓰는 것이다. 부끄럽고 창피한 일이다. 때에 따라 부족한 글을 세상에 내놓아야 한다. 컨설팅 보고서 글쓰기는 자료와 근거를 기반으로 한다. 자료와 근거 찾는 기술이 우선이다. 글도 잘 쓰기 위한 비결은 오직 꾸준한 연습뿐이다.

말로 하는 코칭과 컨설팅은 복잡한 양산이다. 말은 휘발성이 강하고 글보다 여운이 약하다. 코칭과 컨설팅은 지속성이 필요한 부분이다. 말로 지속성을 유지시켜야 한다. 말로 지속성을 유지하는 일은 코칭전문가와 컨설턴트의 고민이기도 하다.

코칭전문가와 컨설턴트는 말로 지속성을 유지하기 위해 스토리텔링법을 강조한다. 스토리텔링은 기억을 잡아두는 건 물론 흥미를 유발하고 행동변화를 일으킨다. 그래서 코칭전문가와 컨설턴트는 사례를 모아 이야기로 풀어내야 한다.

고객을 설득하기 위한 사례는 3가지로 구분된다.

1. 책에서 읽었던 내용
2. 본인의 사례
3. 고객의 실제 사례

이 중 고객의 실제 사례가 설득에 많은 도움이 된다. 다음은 스토리텔링의 다섯 가지를 충족시켜 지속성을 유지하도록 해야 한다.

첫 번째, 사실에 근거해야 한다. 허위로 이야기를 구성한다면 고객의 신뢰를 잃을 수 있다.

두 번째, 고객이 공감할 수 있어야 한다. 멀리 있는 이야기가 아닌, 고객과 가까운 이야기를 해야 한다. 또한, 연령에 맞는 용어와 흐름으로 전개를 해야 한다.

세 번째, 재미있어야 한다. 부정적인 사례보다 고객에게 재미를 줄 수 있는 사례로 구성해야 한다. 재미의 요소라 해서 유머를 말하는 건 아니며 상대를 붙잡는 이야기란 뜻이다.

네 번째, 기대감을 자극해야 한다. 변화를 이루었을 때 고객이 얻는 이익을 말해야 한다. 만약 실리가 부족하면 명분을 심어줘 이익관점을 반드시 제공하도록 하자.

다섯 번째, 인상 깊은 한마디를 각인시킨다. 혁신의 중요성, 서비스 마인드 필요성 등 이야기를 한마디로 표현해서 기억에 각인시켜야 한다. 그 한마디가 스토리텔링 전체를 기억시킬 수 있기 때문이다.

코칭과 컨설팅은 사람을 위한 서비스다. 유수기업이 도입했고, 유명 학자가 만든 시스템이라도 사람을 앞서서는 안 된다. 사람을 최상위에 두고 주어진 환경에 맞는 최상의 시스템을 적용해야 한다. 그리고 그 시스템을 말과 글로 표현해낸다면 제로창업자가 원하는 방향과 고객이 원하는 방향이 일치하여 고객은 단순한 파트너 관계를 넘어서 투자자로 바뀔 수 있다.

부록

제로창업 아이템의

확장,
필수지식들

소액으로
할 수 있는
제로창업

홈스쿨 창업

논술지도, 미술지도, 영어, 놀이 등 창업자 자택 또는 방문 형태로 이루어진다. 자신의 아이와 다른 아이들을 함께 가르칠 수 있는 장점이 있다. 주 고객층 특성상 높은 지식을 요구하는 건 아니기에 진입 장벽이 낮다. 홈스쿨 전문기업에 선생님으로 등록해 활동하거나, 개인 블로그 등을 개설해 홍보한다. 객관적으로 신뢰할 수 있는 자격증이나 인증서가 필요하다. 부모님과 꾸준한 대화를 통해 신뢰를 얻고 아이의 특성에 맞는 맞춤교육이 필요하다.

일정한 성과를 부모님께 보여줄 수 있는 객관적 자료를 제공하는 등 후속적인 측면이 갈수록 중요해지고 있다.

이동식매장 창업

고정시설물이나 정규매장이 필요하지 않기 때문에 소규모 창업이 가능하다. 이동이 자유로운 장점을 활용해 계절별, 시간별, 유동 인구별로 찾아다니며 탄력적 운영을 할 수 있다. 기존 이동식매장은 물론 2016년 창업 활성을 위해 합법화된 푸드 트럭이 있다. 푸드 트럭의 경우 식품위생법 등 규제가 존재하지만 팝업 레스토랑 이용이 보편화되면서 시장이 커지고 있다. '총각네 야채가게' 이영석 대표도 이동식매장으로 창업을 시작했다. 이 경험을 매장운영으로 확대했고, 성공스토리의 소재가 되었다.

이동식매장은 유동 인구가 많은 곳을 찾는 게 핵심이며 행사만 찾아다니는 이동식매장과 일정한 요일, 일정한 장소에 영업하는 매장이 있다. 이동식매장은 과거에도 존재했으며 많은 아이템이 나왔다가 사라졌다. 그동안 다루지 않는 아이템 선정이 중요하다.

위탁경영, 교육 창업

프랜차이즈 본사에서 전문적인 경험이나 지식이 부족한 고객을 모집하는 일부터 교육을 담당하는 모객까지 하는 교육기업 창업이다. 교육팀을 따로 운영하기 부담스런 기업의 위탁을 받는다. 프랜차이즈 계약 등 일정 성과로 수익을 나누어 가진다. 본사 은퇴자나 경력자가 많이 창업하지만, 유사업종에서 근무경험과 성과를 냈던 경험이 있다면 창업할 수 있다. 브랜드, 교육장소 등 본사에서 많은 지원을 받을 수 있는 장점이 있다.

어플, 웹 개발 창업

스마트폰 보급으로 다양한 어플이 출시되고 있다. 몇몇 어플은 모든 권한을 대기업에서 구매하는 등 성공적인 모습을 보이고 있다. 어플 특성상 막강한 보급력이 큰 장점이다. 몇 년 전부터 정부지원 활성과 개발 프로그램 발전으로 창업기업이 대폭 늘었다. 이쪽 계열은 특히 20대에 두드러지는 경향이 있다. 생활편의 어플보다 특정 연령, 직업을 집중 공략하는 특화된 어플 개발이 필요한 시점이다.

온라인 교육 창업

오래 전부터 활성화된 창업으로 자격증, 공무원시험, 교양, 자기계발 등 다양한 교육사이트가 존재한다. 보편적인 교육콘텐츠로는 뛰어들 시장이 많지 않다. 연애기술, 책 쓰기, 1인 지식기업가 창업 등 기존에 없던 교육콘텐츠를 개발할 필요가 있다. 창업자가 직접 영상을 찍을 수 있고, 강사를 섭외해 회당 또는 조회수 당 수익을 나눌 수 있다. 홍보에 중점을 두어야 하며, 높아진 고객 눈높이에 어떻게 부응하느냐에 성공 여부가 갈라진다.

생활밀착형 서비스 창업

1인 가구 증가와 노인 인구 증가로 다양한 일을 대행해주는 창업이다.

과거 단순 심부름 위주였다면 최근에는 전문대행서비스와 위생, 환경관리 서비스로 진화되고 있다. 워낙 다양한 종류의 대행이 있기에 특성화와 전문화가 필요하다. 홍보는 온라인 위주로 한다. 인력관리에서 내부 인력과 외부인력을 구분해 비용을 절감할 수 있다. 생활밀착형 서비스는 네트워크가 잘 되어 있어 콜업체에 일정액의 중개수수료를 주면 일을 시작할 수 있다.

노하우 상담 창업

입시컨설팅, 유학, 심리 상담부터 연애, 고민, 직업 등 다양한 상담으로 창업한다. 개인적인 경험과 노하우를 상담자 상황에 맞게 풀어낸다. 주식, 재테크, 재무상담 등 범위가 확대되고 있다. 재능판매 사이트 등 등록을 통해 거래가 이루어지며 전화, 메일, 직접 상담이 있다. 가격은 5000원부터 백만 원 단위까지 다양하다. 재능판매 사이트는 후기작성을 지속해서 유도하기 때문에 가격대비 만족스러운 상담을 해줘야 한다.

전문번역 창업

프리랜서로 활동하는 번역가는 쉽게 볼 수 있다. 하지만 전문용어를 풀어내야 하는 번역은 배경지식이 필요하다. 공부나 경험했던 분야의 번역으로 창업한다. 재능판매사이트에서 시작할 수 있으며 전문용어 번역이 필요한 기업과 제휴를 할 수 있다.

세무에서
필수로
이것만큼은 알자

조직에 있을 때는 1년에 한 번 연말정산을 한다. 인사팀이나 총무팀에서 준비해야 할 서류, 방법, 기한까지 친절히 알려주며, 서류만 제출하면 알아서 해준다. 관련부서에 일하지 않으면 세무에 대해 몰라도 상관없었다. 하지만 창업을 했다면 모든 일을 직접 해야 한다. 전문가에게 맡길 수 있지만, 제로창업 특성상 개인사업자가 많으므로 필요한 몇 가지 지식만 있다면 세무관련 일을 직접 할 수 있다.

절세를 위한 세무관리의 기본은 영수증과 세금계산서다. 발급받은 영수증을 관리하는 습관과 소액의 매출, 매입이라도 세금계산서를 발급하는 게 기본이 된다. 세무관련 사이트 국세청 홈텍스를 기본으로 한다.

• 국세청 홈텍스(www.hometax.go.kr) : 세무관련 조회, 발급, 신고 등을 인터넷으로 편리하게 할 수 있다. 로그인을 위해 공인인증서, 전자세금용인증서 등이 필요하다.

• 이지샵(www.easyshop.co.kr) : 장부기장 프로그램으로 매출관리, 인건비관리, 세무신고까지 편리하게 한 번에 해결된다.

구분	사업자	신고 · 납부기한		신고 · 납부할 내용
부 가 가 치 세	법 인 사 업 자	1기 예정 1기 확정 2기 예정 2기 확정	4. 1 ~ 4. 25 7. 1 ~ 7. 25 10. 1 ~ 10. 25 1. 1 ~ 1. 25	1. 1 ~ 3. 31의 사업실적 4. 1 ~ 6. 30의 사업실적 7. 1 ~ 9. 30의 사업실적 10. 1 ~ 12. 31의 사업실적
	개 인 사 업 자 (일반 · 간이)	1기 확정 2기 확정	7. 1 ~ 7. 25 1. 1 ~ 7. 25	1. 1 ~ 6. 30의 사업실적 7. 1 ~ 12. 31의 사업실적

		※ 예정신고 및 예정고지(일반과세자에 한함)
		- 예정신고 : 신규사업자, 직전 과세기간의 납부세액이 없는 자,
		  총괄납부자, 사업자단위과세사업자, 예정신고기간에 간이과
		  세자에서 일반과세자로 변경된 자
		- 사업부진자, 조기환급발생자는 예정신고납부와 예정고지납부
		  중 하나를 선택		

소 득 세	개 인 사 업 자 (과세 · 면세)	확정신고	다음해 5. 1 ~ 11. 30	1. 1 ~ 12. 30의 연간 소득금액
		중간예납 (11. 15 고지)	11. 1 ~ 11. 30	중간예납 기준액의 1/2
개 별 소 비 세	과제 유흥장소	분기의 다음달 25일까지 (석유류는 다음달 말일까지)		3개월의 유흥음식요금
	투전기 시설장소			3개월의 입장인원
	보석 · 귀금속상			3개월의 판매금액 (2백만원 초과분)
	가구제조업 등			3개월의 제조장 반출가격 (기분금액 초과분)
사 업 장 현 황 신 고	개 인 면세사업자	다음해 1. 1 ~ 1. 31		1. 1 ~ 12. 31(폐업일)의 면세수입금액
원 천 징 수 이행상황신고	원 천 징 수 의 무 자	일반사업자	다음자 10일	매월 원천징수한 세액
		반기납부자	7. 10 / 1. 10	

출처 : 국세청 공식 블로그

• **종합소득세** 사업을 통해 얻은 소득에 대하여 내는 세금을 말한다. 종합소득세 과세 기간은 1월 1일부터 12월 31일까지이며, 사업자는 이 기간 동안 벌어들인 소득을 5월 중에 종합소득세 확정 신고를 하고 세액을 납부해야 한다.

• **부가가치세** VATValue added tax로 불리며 물건 값에 부가가치세가 포함되어 있어 물건을 팔 때 받은 세금에서 물건을 살 때 지불한 세금을 차감한 차액을 납부하는 것이다. 부가가치세는 특별히 면세로 규정하지 않는 한 사업자의 모든 재화공급, 수입을 과세 대상으로 하며, 세율은 공급가액의 10%다.

• **법인세** 법인사업자가 벌어들인 소득에 대하여 과세되는 세금이다. 소득세법상 종합소득세의 과세대상이 되는 소득은 열거하여 규정하므로 열거되지 않은 소득에 대해서는 납세의무가 없지만, 법인세는 법인이 얻은 모든 순자산의 증가액에 대하여 과세한다. 법인 정관에서 정해진 회계기간이 되며, 법인세 신고, 납부기한은 사업연도 종료일로부터 3개월 이내다.